ALESSANDRO MISSANA

LINGUAGGIO DEL CORPO DINAMICO

Come Interpretare Gesti ed Espressioni con un Metodo Facile e Veloce

Titolo

"LINGUAGGIO DEL CORPO DINAMICO"

Autore

Alessandro Missana

Editore

Bruno Editore

Sito internet

http://www.brunoeditore.it

Sommario

Introduzione

Chi non ha mai desiderato entrare nella mente di un'altra persona per capire veramente il suo pensiero? Sicuramente anche a te è capitato. Ricordo le mie prime esperienze in materia, quando cercavo di capire le ragazze. Non ciò che dicevano ma, cosa più importante, ciò che pensavano. Quante volte ci sono rimasto male perché non capivo il loro comportamento, così lontano da quello che affermavano di pensare e/o provare.

Se stai leggendo questo ebook è molto probabile che una situazione del genere tu l'abbia vissuta in prima persona. E, ancora più importante, se hai deciso di acquistarlo è perché vuoi imparare un metodo sicuro che ti aiuti a conoscere più a fondo il linguaggio del corpo. Bene: ti piacerà sapere che tutto questo è possibile. Probabilmente in passato alcuni ostacoli (presunti) hanno già attraversato il tuo cammino, vanificando i tuoi tentativi e la tua volontà di arrivare al raggiungimento del tuo obiettivo. Questi sono tutti pensieri limitanti.

Quali? Ecco il primo: «Tutti i libri che leggo sull'argomento contengono così tante cose assieme che alla fine lascio perdere, troppe informazioni che mi creano solo confusione».

E come darti torto? È un problema che ho riscontrato spesso anche io. All'inizio della mia esperienza sul linguaggio del corpo lo sconforto era alto: ogni libro che leggevo non faceva altro che elencarmi un'infinità di segnali, combinandoli assieme e dando per ogni combinazione un'interpretazione diversa. Ciò non significa che queste interpretazioni siano sbagliate e gli autori dei ciarlatani; anzi, probabilmente sono molto più esperti di me. Il problema è che danno troppe informazioni, senza rimarcare quelle più importanti e fondamentali. In più strutturano il libro come un elenco infinito di cose, senza fornire un metodo efficace, semplice e veloce per imparare veramente l'essenziale sul linguaggio del corpo.

E come secondo pensiero, legato al primo: «Sì, ok, ma conoscerli è una cosa, interpretarli mentre si fa conversazione è un'altra». Un'osservazione più che lecita. Ho appurato sulla mia pelle che è veramente arduo, all'inizio, riuscire a tenere una conversazione e allo stesso tempo prestare attenzione al linguaggio del corpo. Ai tempi, nessuno mi aveva insegnato come stare attento a tutto. Avevo solamente una solida base teorica (grazie ai libri letti sull'argomento), ma senza alle spalle un metodo valido che trasformasse facilmente in pratica tutta la teoria acquisita. Ma se ti dicessi che ora un metodo del genere esiste, ed è alla portata anche delle persone più pigre?

Imparerai ad apprendere i segnali essenziali del linguaggio del corpo e ad applicarli con efficacia e semplicità grazie al metodo *Osservare Dinamico*. **Farai tuo il linguaggio del corpo, saprai interpretarlo e volgerlo sempre a tuo favore**! Interessante, vero? Alla fine della guida scoprirai che i dubbi di ora saranno spariti, lasciando spazio alle nuove certezze. Buona lettura!

Alessandro

CAPITOLO 1:

Come funziona *Osservare Dinamico*

Fin dalla tenera età ho avuto un innato senso di osservazione. Ho sviluppato subito un grande talento nel disegno artistico, riuscendo a riprodurre facilmente tutte le espressioni e i movimenti, solo con l'ausilio di un foglio e una matita. Ogni cosa che guardavo era fonte di ispirazione. *Osservare* era ciò che più mi piaceva e che mi piace tuttora.

Crescendo mi sono sempre chiesto cosa potessero significare certi gesti piuttosto che altri. Perché, se una persona afferma una cosa e allo stesso tempo scuote la testa orizzontalmente nascondendo le mani, mi dà l'impressione che non la racconta giusta? A cosa è dovuta questa sensazione? Quel presentimento che ti dice di non fidarti troppo alcuni lo chiamano "intuito", altri "sesto senso". Pochi si accorgono che è il nostro corpo a fornirci le risposte. Non tanto ciò che diciamo, ma *come* lo diciamo.

Questo concetto è all'apparenza elementare. Probabilmente penserai: «Già, che bella scoperta, è ovvio che anche il corpo comunica». E allora perché solo in pochi sono in grado di decifrare perfettamente le persone, senza neanche averle mai sentite parlare? In questa guida finalmente troverai la risposta. Scoprirai anche quanto sia facile e intuitiva.

Quando ti illustrerò il metodo che ho elaborato, *Osservare Dinamico*, pensandoci bene ti dirai: «Accidenti, ma è così semplice e banale». Ti sembrerà quasi scontato. Ma ci saresti arrivato da solo, se qualcuno non te lo avesse prima spiegato dettagliatamente? Questo metodo, che ti illustrerò a breve, è di una banalità disarmante, perché sfrutta conoscenze che possediamo dalla nascita.

Perché le persone vanno a vedere spettacoli di magia, e per ogni gioco di prestigio rimangono a bocca aperta? Eppure lo sanno che dietro a tutto c'è sempre qualche trucco. La risposta è molto semplice: perché le persone si vogliono far suggestionare, vogliono pensare che dietro ci sia un'abilità superiore, che va ben al di là delle loro capacità.

Immaginate un prestigiatore che fa sparire “miracolosamente”, dietro a un fazzoletto, un uccellino dentro a una gabbia, facendo poi ricomparire l’uccellino in una mano. Ora tornate sulla scena, ma immaginando il prestigiatore che vi fa vedere il trucco vero e proprio: la gabbia in realtà non scompare, ma si schiaccia letteralmente sull’animale, uccidendolo. Con qualche movimento studiato, la gabbia non si nota, così come il povero uccellino, mentre ne spunta una copia esatta da dietro il prestigiatore. Come reagirebbe il pubblico? Sarebbe sempre così meravigliato? No, non credo. Probabilmente molte persone non andrebbero più nemmeno a uno spettacolo di magia.

La maggior parte delle persone non vuole provare a conoscere metodi nuovi, perché è ancorata a convinzioni limitanti, come appunto l’idea che un prestigiatore esegue sì dei trucchi, ma che per questi servano delle abilità quasi paranormali. La verità è che, una volta acquisito il metodo, è solamente questione di esercizio. Più il metodo è efficace, più gli esercizi saranno semplici da imparare.

SEGRETO n. 1: svelare un segreto, un trucco o un metodo, non è altro che far vedere la realtà da un altro punto di vista. Una volta svelato, ti sembrerà semplice e banale. In generale, i metodi aprono strade più facili da percorrere.

Quindi, un metodo può essere semplice e allo stesso tempo innovativo. Ti ho fatto vedere come sia molto difficile avvicinarsi ad esso, a causa delle nostre convinzioni limitanti. Ma se hai la possibilità di cambiare le cose veramente e in meglio, perché non farlo? Perché avere paura del nuovo?

Ora, prima di arrivare al metodo vero e proprio, ti voglio introdurre per bene all'argomento di questa guida: il linguaggio del corpo. Perché è così importante? Come è possibile che i pensieri e i sentimenti vengano trasmessi attraverso il corpo? Come ben sai, l'uomo è l'animale più evoluto. Questa evoluzione parte da molto lontano. Si parla addirittura di milioni di anni, anche se non ci sono certezze, solamente ipotesi. La cosa sicura è che l'uomo, così come lo conosciamo oggi, ha alle spalle un periodo lunghissimo di evoluzione.

Ma da quando ha avuto il dono della parola? O meglio, da quando ha sviluppato le corde vocali in maniera così perfetta da poter produrre i suoni che contraddistinguono parole e frasi? Anche su questo interrogativo non ci sono risposte sicure, ma solo ipotesi, e quella maggiormente accettata è che le prime forme di linguaggio parlato risalgano circa ad “appena” trentamila anni fa. Certo è un periodo di tempo molto ristretto, in confronto ai milioni di anni di evoluzione. E anche se gli anni non fossero precisi, solamente nella sua ultima parte di evoluzione l’uomo ha sviluppato il dono della parola. Ma prima, e cioè per la maggior parte del tempo, come ha fatto a comunicare?

La risposta sta sempre lì, ed è proprio il corpo. I gesti, le pose, le espressioni facciali. Tutto ha un’origine molto antica. E tutto è ancora presente nel nostro DNA. In ognuno di noi ci sono le risorse giuste per imparare, o meglio, per re-imparare il linguaggio del corpo. Bisogna solamente impegnarsi e seguire una strada sicura. Ed è quello che ti illustrerò nel seguito del manuale, in modo semplice, facile e veloce.

«Ma veramente già milioni di anni fa esisteva il linguaggio del corpo, e addirittura ancora oggi ce lo portiamo dietro?» La risposta è affermativa. Pensa alle espressioni del viso più comuni, come quella che denota felicità.

Tutti noi sappiamo distinguere quando una persona è felice, grazie a una certa configurazione della bocca e in parte degli occhi. Ma perché quando siamo felici il nostro viso assume quella espressione? E perché la sappiamo subito identificare? Perché fa parte del nostro patrimonio genetico. Non è qualcosa che si acquisisce dall'ambiente circostante, dato che anche un neonato di pochi giorni è in grado di far trasparire un'emozione del genere. In più, si è osservato senza alcun margine di errore che il viso di una persona, quando è felice, assume la stessa configurazione, a prescindere dal luogo di nascita e di crescita. In poche parole, una persona comunica il suo stato d'animo universalmente, senza averlo mai "imparato".

SEGRETO n. 2: il linguaggio del corpo è un metodo per comunicare attraverso il corpo, acquisito con l'evoluzione. Per questo devi solamente re-imparare a decifrarlo.

«Ma perché devo perdere del tempo prezioso per imparare a decifrare il corpo?» Ora, pensa a tutte le volte che in un colloquio di lavoro ti sei sentito a disagio, o non sei riuscito a dare il meglio di te; o quando a scuola nelle interrogazioni ti sei bloccato; o ancora quando non sei riuscito a capire una persona, o hai avuto difficoltà con l'altro sesso... o in altre mille situazioni possibili. Credo che ti piacerebbe poter dire di essere riuscito a superare brillantemente tutte queste difficili situazioni. La risposta più ovvia, senza essere ipocriti, è: per migliorare la tua vita. Il linguaggio del corpo lo si trova ovunque, che tu voglia imparare a vendere meglio, a migliorare la tua vita sociale e amorosa...

Quindi, per partire alla grande fissiamo bene gli obiettivi. Eccoli elencati qui di seguito. Sono strutturati in prima persona e nel tempo presente, e ognuno è conseguenza dell'altro. Leggili a voce alta ogni volta che ti sentirai mancare gli stimoli.

1. Per migliorare la mia vita sociale

L'uomo è un animale sociale. Tutte le persone sulla Terra vogliono avere una vita sociale sempre attiva e vera, ma il 90% della gente dà la colpa agli altri se non riesce ad averne una come si deve. Io non farò più questo errore. Ora so comunicare perfettamente con tutti. Ho successo nelle amicizie, negli affetti e nel lavoro. Riconosco le persone vere da quelle false e sono circondato solo da chi voglio io.

2. Per migliorare me stesso

Ora che ho migliorato la mia vita sociale sto crescendo anche interiormente. Ho una concezione più profonda di me stesso. Sono più critico verso le mie precedenti convinzioni limitanti, ora sono consapevole che tutto può cambiare e migliorare, sempre.

3. Per continuare a migliorare, sempre

Ora riesco a migliorare me stesso ogni giorno. Non ho più limiti perché conosco i metodi giusti, sono in costante miglioramento e la mia vita è ogni giorno più bella.

Come avrai notato, in ogni obiettivo ho usato il verbo *migliorare.* Questa scelta non è casuale, ma ricalca una mia forte convinzione. Questo verbo è l'essenza stessa della crescita personale. Per migliorare la nostra vita dobbiamo migliorare noi stessi, e migliorando noi stessi miglioreremo anche gli altri. Quindi, seguire dei metodi (validi) nella vita è fondamentale. Per il momento, con gli obiettivi ben fissati, inizierai già a migliorare ogni giorno, anche se magari all'inizio non te ne accorgerai.

«Sì, ora mi sento molto più motivato di prima... Ma questo metodo *Osservare Dinamico*?» Partiamo un po' da lontano. Invece di andare direttamente alla definizione vera e propria, arriviamoci con un procedimento costruttivo. Il motivo è molto semplice: se io ti fornissi subito l'idea che sta dietro a questo metodo, potresti avere alcune difficoltà a comprendere pienamente tutte le varie sfaccettature che lo compongono. Invece, introducendolo con delle prime idee, e con alcuni esempi, non faccio altro che abituare il tuo modo di ragionare al nuovo metodo. In questo modo, quando ti darò la definizione vera e propria, avrai meno difficoltà a comprenderla.

Ho iniziato a formulare il metodo *Osservare Dinamico* a causa di un episodio che mi è capitato. Il tutto si è svolto in un bar, in compagnia di un amico che voleva andare proprio là perché precedentemente vi era stato e aveva trovato la barista simpatica e socievole e si era fermato a parlarle qualche minuto. Notai subito che, nel bar, c'erano due ragazze, una dietro al bancone e una che serviva ai tavolini. A una occhiata superficiale potevano anche assomigliarsi un pochino: entrambe avevano capelli lunghi e castani e, più o meno, anche il fisico era simile. Al bancone feci l'ordinazione e come risposta ricevetti uno sguardo tipo: «Ti ascolto solo perché devo, altrimenti ti avrei già mandato a quel paese». La ragazza fece solo un cenno col capo e si rimise a lavare bicchieri.

Ritornato dal mio amico gli chiesi subito se la ragazza simpatica che intendeva lui fosse quella dietro al bancone. Convinto disse di sì, chiedendo la mia opinione. Dato che non combaciava certo con la sua, il mio amico si mostrò un po' seccato. Allora gli feci notare l'altra ragazza e la sua sicurezza iniziò a vacillare: non era più certo quale fosse delle due. La conferma che si era sbagliato arrivò quando la seconda ragazza ci portò al tavolo le ordinazioni e fu gentilissima con entrambi!

Ma come aveva fatto il mio amico a non riconoscerla subito? Eppure aveva parlato faccia a faccia con lei per cinque minuti buoni. Possibile che in quel lasso di tempo non fosse riuscito a memorizzare almeno qualche caratteristica del suo viso, in modo da riconoscerla successivamente? Ovviamente non ne era stato in grado. Forse aveva notato solo aspetti esteriori più generali, come i vestiti, i capelli, il fisico o forse era più concentrato su se stesso e su come apparire.

A questo proposito, ti racconto un secondo aneddoto, un test che è stato fatto su un campione di persone, ignare di esserne "vittime": la scena si svolgeva presso lo sportello di una stazione ferroviaria. Il bigliettaio, al momento del pagamento da parte dei viaggiatori per l'acquisto del biglietto, "sbadatamente" faceva cadere a terra, dietro il bancone, i soldi. Si chinava per raccoglierli ma invece di riemergere lui, si alzava una seconda persona (simile nella divisa e nel taglio dei capelli), che stava nascosta alla vista del pubblico. Risultato? Solamente il 40% per cento delle persone si è accorta del cambiamento.

Cosa significa tutto ciò? Semplicemente che la maggior parte delle persone guarda le cose senza veramente vederle. E ritornando al motivo di questa guida, non puoi pretendere di imparare il linguaggio del corpo se non sei in grado di vedere, o meglio, di osservare. La prerogativa è proprio quella di osservare le persone, per poi riuscire a decifrarle. Sono pochissime le persone che osservano con attenzione tutto ciò che le circonda. Anch'io non faccio eccezione, ma la differenza sta nel fatto che, quando trovo un punto di interesse, riesco facilmente a focalizzarmi su di esso, estrapolando ogni minima caratteristica necessaria ai miei obiettivi.

Questo primo accenno è essenziale, perché è una della basi del metodo *Osservare Dinamico*. In pratica devi imparare a osservare le cose differentemente da come hai fatto fino ad ora. Non più in modo statico, bensì dinamico. La buona notizia è che è più facile di quanto tu possa immaginare. Come ti ho fatto vedere poco fa, il modo statico è il più diffuso tra le persone, perché usi sempre meno il cervello, e quindi fai meno fatica (apparentemente). In più ti fa credere di essere sempre al centro di tutto, perché non noti tutte le reazioni degli altri, ma solo quelle che stanno bene a te. Io la chiamo anche *osservazione egocentrica*. Diversamente, con l'osservazione dinamica ti lasci alle spalle tutti i pregiudizi, le idee che hai, e analizzi le cose da un punto di vista esterno, neutro.

Forse in questo momento ti ho creato un po' di confusione. Puoi stare tranquillo. È normalissimo. Ma ti garantisco che leggendo le prossime righe gran parte della confusione si trasformerà in comprensione. E come ti ho già detto, tutto diventerà semplice.

All'inizio di questa guida ti ho accennato la mia propensione verso l'arte. In particolare mi ha sempre attirato tutto ciò che riguarda il corpo umano, perché per me è la manifestazione più grande del genio della Natura. Oltre al mio interesse principale, e cioè il linguaggio che usa il corpo, mi sono sempre fatto attrarre da un certo tipo di pratiche, come la danza e le arti marziali. Il motivo è semplice e intuibile: esse sono due discipline che usano il corpo come mezzo di perfezione, mosso armoniosamente dal potere della mente.

Un giorno, navigando su YouTube, trovai uno spezzone di uno spettacolo live di Michael Jackson. Incuriosito, mi misi a guardarlo. Subito fui rapito dai suoi movimenti, dai suoi passi, dall'energia che sprigionava ad ogni singola mossa. In particolare, rimasi impressionato alla vista del *moonwalk*, la famosa camminata all'indietro con l'effetto visivo contrario. Ricordo che pensai: «Devo impararlo anch'io». Invece di lasciare che le mie convinzioni limitanti prendessero il sopravvento, feci uno sforzo mentale per portare la mia osservazione statica a una osservazione dinamica: invece di guardare il moonwalk come qualcosa di stupefacente e inarrivabile, mi convinsi che fosse solamente questione di conoscenza del metodo.

Quindi, con molta calma, mi misi ad analizzare ogni singolo movimento al rallentatore, cercando poi di riprodurlo dal vivo. Quando acquisii il metodo giusto mi resi conto che, alla fine, l'unica vera difficoltà all'apprendimento stava solamente nella mia testa, o meglio, nelle mie false convinzioni! Imparai il moonwalk in poco meno di una settimana.

Con il metodo giusto ho raggiunto un ottimo risultato, senza un gran dispendio mentale. Come vedi, ti sto dando il metodo giusto, un pezzo alla volta. Per ora ti ho svelato uno dei tre aspetti fondamentali di *Osservare Dinamico*, da cui esso prende il nome.

SEGRETO n. 3: le persone hanno un modo di osservare statico, cioè guardano con gli occhi ma non con la mente. Se vuoi osservare dinamicamente devi imparare a usare entrambi.

Bene, ora hai appreso uno dei principi fondamentali del metodo *Osservare Dinamico*. Solamente conoscendolo e sapendolo applicare bene, raggiungerai risultati straordinari. Ma non sarebbe ancora più fantastico continuare a imparare e approfondire anche dopo aver osservato, senza nemmeno pensarci sopra, e quindi senza concentrarvisi oltre? In poche parole: migliorare puntando ai tuoi obiettivi, senza apparentemente pensare ad essi.

Prima ti ho parlato dei miei interessi legati alla danza e alle arti marziali. Hai capito che la mia figura di riferimento per la prima è Michael Jackson. Invece, per quanto riguarda le arti marziali, ho sempre trovato ispirazione nell'interpretazione che ne dava Bruce Lee.

Non tutti sanno che questo grande maestro rischiò seriamente di rimanere invalido a vita, a causa di un infortunio che si procurò accidentalmente durante una intensa seduta di allenamento. Secondo i medici sarebbe dovuto stare sei mesi a letto per il recupero della schiena, e avrebbe dovuto dimenticarsi le arti marziali.

Lee decise di seguire questi consigli, ma nei sei mesi non si diede per vinto: se non poteva allenare il suo corpo, avrebbe allenato la sua mente. Così fece, leggendo libri su vari argomenti, quali la lotta, la riabilitazione e l'auto-motivazione. Quando si rimise, si scoprì addirittura più forte di prima. La mente aveva fatto il lavoro che il corpo non poteva fare. E con risultati ancora più grandi! Ma come fa un uomo a migliorare la propria tecnica, stando completamente fermo a letto?

E tu, come hai imparato a scrivere, a leggere, a guidare l'automobile... Certo, con la pratica, ma credi che la pratica sia sufficiente? Se noi non usassimo la nostra mente e il nostro cervello per assimilare tutta la pratica che facciamo, sarebbe inutile esercitarsi. Per apprendere devi usare sia la pratica sia la mente.

Quando vogliamo imparare a fare "qualcosa", il nostro cervello si attiva nel registrare questo "qualcosa". Anche se le prime volte non verrà bene, ciò non significa che non lo stai imparando. Il nostro cervello ha assimilato il "qualcosa", e continuerà a lavorarci sopra anche quando starai facendo altro, e non ci penserai (consciamente) più. Se hai dedicato abbastanza tempo a capire il movimento, nei giorni successivi scoprirai di averlo migliorato, anche senza averci mai pensato.

Non ti è mai capitato di non riuscire a fare una cosa per giorni e poi, improvvisamente, in una giornata X, quella cosa ti è venuta sorprendentemente bene? Probabilmente sì. La mente ti aiuta sempre e ti fa raggiungere gli obiettivi che ti sei prefissato. E più questi sono forti, più li raggiungerai velocemente! Per questo ti ho fatto stabilire degli obiettivi, ancora prima di conoscere qualsiasi cosa. Lascia che ti riveli ancora un piccolo segreto: la mente non distingue tra il reale e l'immaginario.

Infatti prende per vero tutto ciò che le fornisci come input. Grazie a questo, impara non solo quando facciamo qualcosa, ma anche quando immaginiamo di farla (la famosa "visualizzazione"). Certo, non puoi diventare un fenomeno solamente immaginandoti di esserlo ma, sapendo sfruttare bene sia l'esercizio fisico sia l'esercizio mentale, puoi raggiungere i risultati più velocemente, con minore sforzo e con un esito migliore di quello sperato! Grazie a questo Bruce Lee riuscì a migliorare la tecnica anche senza realmente provarla.

«Ma cosa devo fare per usare la mente in modo da assimilare tutto ciò che ho osservato in modo dinamico?» Semplice, ritagliati qualche decina di minuti al giorno, in cui ripenserai a tutte le cose che hai osservato durante la giornata. Per fare questo ti serve la totale tranquillità emotiva, e per raggiungerla ci sono molti metodi. C'è chi trova tranquillità meditando, chi invece passeggiando o correndo. In realtà lo puoi fare con qualsiasi cosa che ti fa stare bene. Se ti rilassa fare un giro in auto, allora sfrutta quel tempo per ripensare a ciò che hai osservato, e altre cose così. «Tutto qua? È così semplice?» Certo! Ma ancora una volta, se non te lo avessi detto io, ci saresti arrivato?

SEGRETO n. 4: grazie alla mente puoi rielaborare e memorizzare velocemente ciò che hai imparato osservando. Ti basterà dedicare un po' di tempo a te stesso, in cui ripensare a ciò che hai osservato.

Come ti sarai accorto, ora nel metodo manca la base di partenza. Come fai a osservare criticamente qualcosa, se non hai la base teorica per capire come, cosa e perché osservare?

In poche parole, hai bisogno di conoscere la teoria del linguaggio del corpo. Anche in questo ho sviluppato una mia personale interpretazione, grazie a decine di testi di riferimento e all'esperienza maturata durante molti anni di pratica. Ho tenuto solamente lo stretto necessario per la vera comprensione della materia, attingendo a varie fonti a seconda di quanto le ritenessi utili. In più ho aggiunto parti rielaborate e ideate da me.

SEGRETO n. 5: per saper osservare in maniera dinamica e, in seguito, usare la mente, devi necessariamente conoscere la teoria che vi sta alla base. Essa deve essere essenziale, intuitiva, facile e sufficiente.

Ricapitolando, il metodo *Osservare Dinamico* è l'unione di questi tre principi fondamentali:

- la teoria che sta dietro al linguaggio del corpo. Deve essere essenziale, intuitiva, facile e sufficiente per una efficace comprensione;
- l'osservazione dinamica di ciò che si è studiato. A questo basta dedicare poche decine di minuti al giorno, senza sforzo;
- la visualizzazione e l'uso della mente. Anche qua, basta usufruire di pochi minuti al giorno, per ripensare a ciò che si è osservato criticamente.

Ora hai le strategie giuste. Con impegno e determinazione raggiungerai risultati straordinari! E ora cominciamo.

RIEPILOGO DEL CAPITOLO 1:

- SEGRETO n. 1: svelare un segreto, un trucco o un metodo, non è altro che far vedere la realtà da un altro punto di vista. Una volta svelato, ti sembrerà semplice e banale. In generale, i metodi aprono strade più facili da percorrere.
- SEGRETO n. 2: il linguaggio del corpo è un metodo per comunicare attraverso il corpo, acquisito con l'evoluzione. Per questo devi solamente re-imparare a decifrarlo.
- SEGRETO n. 3: le persone hanno un modo di osservare statico, cioè guardano con gli occhi ma non con la mente. Se vuoi osservare dinamicamente devi imparare a usare entrambi.
- SEGRETO n. 4: grazie alla mente puoi rielaborare e memorizzare velocemente ciò che hai imparato osservando. Ti basterà dedicare un po' di tempo a te stesso, in cui ripensare a ciò che hai osservato.
- SEGRETO n. 5: per saper osservare in maniera dinamica e, in seguito, usare la mente, devi necessariamente conoscere la teoria che vi sta alla base. Essa deve essere essenziale, intuitiva, facile e sufficiente.

CAPITOLO 2:
Come interpretare le mani e le braccia

Il primo passo da compiere per imparare il linguaggio del corpo consiste nel farti un'idea su ciò che ti serve per comprenderlo fino in fondo. Quali sono le parti del corpo che secondo te sono fondamentali da studiare? Quando parli con qualcuno, cos'è che ti viene più naturale muovere?

Ti bastano pochi secondi per rispondere: sicuramente le mani e le braccia. È vero, oltre a queste ci sono altre parti che si muovono e che hanno una loro fondamentale interpretazione, ma quando parliamo con qualcuno è la gestualità di mani e braccia che si nota più facilmente. Per questo motivo ho deciso di partire da esse: sono la parte del corpo più facile da decifrare, perché si notano prima delle altre.

La prima forma di comunicazione che sia mai stata usata è legata all'utilizzo delle mani. Infatti, il cervello ha più connessioni con esse che con qualsiasi altra parte del corpo. Proprio attraverso le mani si stabilisce la natura del rapporto che si vuole creare, o meglio, che si tenta di creare.

Oltre alle mani, ti mostrerò come le braccia possono comunicare le intenzioni, le sensazioni e, in generale, il carattere di una persona. Devi sapere che le braccia vengono usate generalmente come segno di difesa e chiusura. Una persona timida tenderà ad assumere molto più facilmente delle pose difensive che non una persona esuberante e sociale. Saper interpretare le braccia diventa quindi fondamentale.

Ma non perdiamo tempo, questa è una guida pratica. La praticità ne è lo spirito. E allora passiamo subito al primo principio di *Osservare Dinamico*: la teoria. Partiamo dalle mani, di cui andremo ad analizzare il palmo.

L'importanza fondamentale del palmo delle mani

Hai mai notato come si comportano i bambini quando dicono una bugia? Tendono sempre a nascondere le mani, e quindi i palmi, dietro alla schiena. Questo gesto viene loro automatico quando sanno di averla combinata grossa o quando sono coscienti di dire una bugia. Un gesto del genere, ma che si nota molto meno, avviene anche negli adulti: c'è sempre la tendenza a nascondere i palmi o nelle tasche o incrociando le braccia al petto. Lo stesso principio si applica quando invece vuoi far vedere di essere sincero. In questo caso però tendi a mostrare i palmi, in modo da rafforzare il tuo stato di completa sincerità. Quindi:

- i palmi aperti e in bella vista danno idea di schiettezza e sincerità, cioè di apertura verso gli altri;
- i palmi nascosti o rivolti verso se stessi suggeriscono menzogna e chiusura.

Ovviamente dovrai stare attento anche al contesto in cui ti trovi. Se sei in pieno inverno, in giro per strada con temperature polari, non puoi certo valutare delle mani in tasca come una semplice chiusura. È molto probabile che l'altra persona abbia solo freddo, e che quindi cerchi di coprirsi. Ma in tuo aiuto ci sono comunque altri segnali che ti possono aiutare a fare chiarezza. Non preoccuparti, te li mostrerò più avanti. In generale, la regola fondamentale da seguire è: *valutare sempre il contesto e l'insieme dei segnali del corpo, e mai considerarli singolarmente.*

SEGRETO n. 6: i palmi delle mani trasmettono sincerità e apertura se sono rivolti verso gli altri. Se invece sono rivolti verso se stessi, denotano chiusura e menzogna.

Come hai potuto vedere, i palmi svolgono un ruolo fondamentale in una prima comprensione del linguaggio del corpo. Ma ci sono ancora alcuni gesti da vedere, che si possono compiere con le mani. Si possono definire "i tre gesti del comando". Questi vengono usati a seconda del proprio stato d'animo, di quello che si vuole trasmettere, e dalla posizione sociale a cui si appartiene.

1. Il palmo verso l'alto

Questo gesto ha una curiosa origine, ed è un comando gentile, non minaccioso. È un gesto che dal punto di vista evolutivo significava che non si possedevano armi, e che quindi non si era pericolosi. Ora viene usato spesso quando si invita qualcuno a sedersi da qualche parte, o per farsi passare qualcosa. Gli oratori più esperti, davanti al

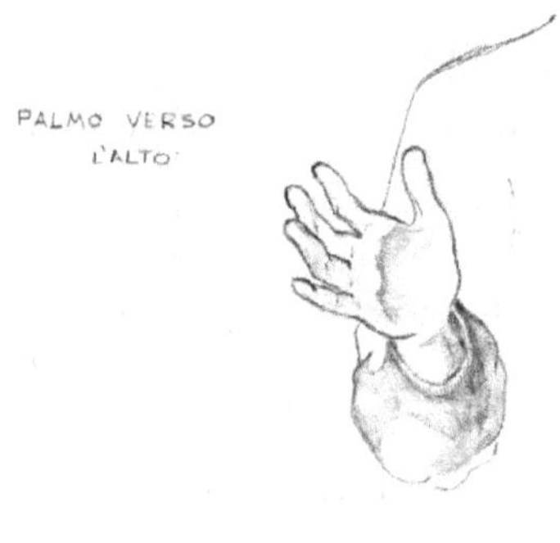

pubblico, usano questo gesto per sembrare più vicini alla gente, e avere più consenso. È provato statisticamente che chi fa un buon uso del palmo verso l'alto è sentito più vicino dalle persone.

2. Il palmo verso il basso

Contrariamente a quello verso l'alto, il palmo verso il basso è sinonimo di autorità. Le persone interpretano questo gesto come un ordine, un'imposizione. In genere viene usato in ambito lavorativo dai superiori. Se viene effettuato tra persone dello stesso livello, molte volte viene rifiutato o visto negativamente. Nella storia questo gesto è presente in un famosissimo saluto: quello nazista di Hitler. Ora, prova a immaginare questo saluto, ma con il palmo, invece che verso il basso, rivolto verso l'alto. Non ti dà lo stesso effetto, vero? Infatti è anche su questo che Hitler si è costruito la sua aura autoritaria. È un gesto adottato in prevalenza da leader che vogliono impressionare la gente, trasmettendo la loro autorità.

3. Il dito puntato

È il gesto più fastidioso che una persona possa compiere. La mano è chiusa a pugno, con il dito indice puntato verso l'interlocutore.

Psicologicamente vuole indurre alla sottomissione. Ricordi quando tua madre, per farti fare qualcosa contro la tua volontà, ti ha puntato contro il dito con fare minaccioso?

SEGRETO n. 7: i tre gesti di comando più comuni riguardano i palmi. Il palmo verso l'alto è positivo, quello verso il basso è autoritario, il dito puntato è semplicemente da evitare.

Bene, la teoria delle mani è finita. «Di già?» Sì, proprio così. In realtà ci sono moltissime altre cose che si possono aggiungere, ma per una buona comprensione del linguaggio del corpo ciò che ti ho detto è sufficiente. Pensa, ora sai già quando una persona è chiusa, sulla difensiva, e forse sta pure mentendo.

Ma andiamo avanti, è ora di parlare delle braccia. Queste principalmente vengono usate in gesti di chiusura più o meno rinforzata. Se ricordi poco fa ti ho spiegato di come le braccia denotano alcune caratteristiche comportamentali. Devi sapere che esistono certe posizioni che, se assunte più frequentemente di altre, danno buone indicazioni sul carattere di una persona. Quindi, in generale sono un segno di chiusura e difesa, in particolare denotano il carattere. Andiamo quindi a vedere tutti i gesti fondamentali che si possono eseguire con le braccia.

1. Le braccia incrociate al petto

È il gesto più comune. È una posizione usata universalmente per comunicare negatività e difesa. La si trova spesso nelle code agli sportelli o quando due persone si incontrano per la prima volta.

2. Posizione rinforzata

Una variante delle braccia al petto in cui, oltre alle consuete braccia incrociate, le mani sono strette a pugno. Se, mentre parli con qualcuno, questo si colloca in posizione rinforzata, significa che molto probabilmente dovrai subirti un'aggressione verbale.

3. La presa delle braccia

Altra variante delle braccia al petto in cui, in questo caso, le mani vanno ad "abbracciare" le braccia, quasi come a cercare conforto in se stessi. È un gesto che si può trovare nelle varie sale di attesa (dal dentista, per esempio) ed è sinonimo di negatività controllata: la persona è in uno stato negativo, ma cerca di compensarlo dandosi un'aria controllata.

4. I pollici verso l'alto

Le braccia sono sempre incrociate, ma i pollici delle mani vengono portati in alto e in bella mostra, esposti alla visione dei propri interlocutori. Una persona usa questo gesto quando è in fase difensiva ma allo stesso tempo è sicura di se stessa e delle proprie capacità. In genere è usato da personalità dominanti, come per esempio giovani ambiziosi, ma anche fastidiosi sbruffoni.

5. Incrocio parziale

Questo gesto è una variante della presa delle braccia. Viene usato in prevalenza dalle donne. Praticamente, invece di incrociare le braccia e "abbracciarle" con le mani, questo gesto pone un braccio steso lungo il corpo, mentre l'altro è parallelo alla vita, con la mano che stringe il braccio steso lungo il corpo. È usato per mascherare una sensazione di tensione, cercando di non far notare questa emozione all'esterno.

6. Incrocio della zip rotta

È il gesto maschile dell'incrocio parziale. Se il gesto precedente era inteso più che altro al femminile, quando un uomo è insicuro o teso, ma non vuol farlo vedere, usa l'incrocio della zip rotta: unisce le mani sul corpo, all'altezza dei genitali. Inconsciamente, quando una persona si sente vulnerabile e insicura, tende a proteggere i genitali, come per preservare ed evitare conseguenze in questa zona.

SEGRETO n. 8: esistono sei gesti comuni delle braccia: le braccia incrociate al petto, la posizione rinforzata, la presa delle braccia, i pollici verso l'alto, l'incrocio parziale e l'incrocio della zip rotta.

Ora hai capito come le persone comunicano le loro sensazioni attraverso le braccia incrociate. In particolare, quelle in evidenza sono:

- difesa, protezione;
- tensione e vulnerabilità;
- insicurezza;
- ostilità;
- sicurezza (ricordi la variante dei pollici in alto?).

Ecco lì i caratteri di ogni singola persona. È una persona timida e sempre sulla difensiva, insicura, o ancora ostile? Oppure semplicemente arrogante? Ora ti è facile rispondere.

È relativamente facile, una volta che conosci le tecniche giuste, identificare un carattere rispetto a un altro, solo osservando le reazioni del corpo. Una volta acquisita la praticità necessaria, per comprendere i caratteri non ti servirà ascoltare più di tanto le parole, perché avrai imparato ad "ascoltare" il linguaggio corporeo delle persone.

Per completare la teoria ti do un piccolo suggerimento, semplice ma molto importante. Non dimenticare la forza del tocco! Toccare una persona provoca una forte sensazione e un momentaneo legame. Se mentre stringete la mano di una persona, le toccate con l'altra mano il gomito, in un intervallo che non deve andare oltre i tre secondi, questa persona avrà un'opinione migliore di voi. Quindi appena potete, toccate, sfiorate (senza essere molesti e invadenti).

Perfetto, il primo principio è soddisfatto. Ora sai tutto il necessario. Vediamo di metterlo in pratica. È ora di osservare dinamicamente ciò che hai imparato nella teoria.

Per soddisfare il secondo principio del metodo hai bisogno di un luogo di osservazione dinamica. Questo è importante tanto quanto l'osservazione in sé, perché a seconda di dove sei, recepirai più o meno intensamente ciò che hai imparato nella teoria.

Per ogni capitolo di questa guida ti fornirò un luogo diverso. Poi deciderai tu quale ti è più congeniale e in futuro userai più uno o l'altro. Il metodo in questo senso è molto flessibile. In fondo, ogni persona ha bisogno di soddisfare più o meno le stesse esigenze, ma quasi sempre lo deve fare in modi diversi. Ritornando a noi, il primo è quello più generale: non è un luogo preciso perché osserverai dinamicamente durante una tranquilla passeggiata, per il tuo paese o per la tua città.

«E come faccio a osservare dinamicamente mentre sto passeggiando?» Hai letto e capito la teoria (ricorda: *capito*, non *appreso* tutto fin da subito, nei minimi particolari), ora devi semplicemente iniziare a osservare dinamicamente la realtà, lasciando alla tua mente il duro compito di memorizzare perfettamente il tutto a livello teorico. Questa parte sostituisce il vecchio ripasso approfondito, quello del "leggere e rileggere fino alla noia" per la gioia anche, e soprattutto, delle persone più pigre.

Quindi lasciati tutti i pregiudizi alle spalle. Le prime volte muoviti in luoghi dove non conosci nessuno, così da non rimanere influenzato da qualche conoscenza. Dato che in questo caso ti devi fare una passeggiata, scegli un tragitto in cui sei sicuro di incrociare vari "tipi" di persone. Passa in una strada trafficata, o davanti a un bar all'aperto, oppure in un giardino pubblico. Il tuo obiettivo è incrociare tutte le persone possibili. Da giovani a vecchi, da adolescenti a bambini piccoli, maschi e femmine.

Ora, sempre mentre cammini, concentrati su ciò che hai letto finora. Devi focalizzarti sulle mani e sulle braccia. Pensa a ciò che ti ricordi, osservandone i gesti nelle persone che incontri. Concentrati sui particolari, sui palmi e su come ti sembra debbano essere usati, sulle braccia e il carattere che emanano.

Non importa se non ti ricordi certe cose, o i nomi o addirittura il significato di intere mosse. Focalizzati solo su ciò che ricordi, e approfondisci il tutto osservandolo dal vivo. Sii scettico e chiediti se è vero tutto ciò che ti ho descritto prima. Secondo te sono vere le sensazioni che ti ho fornito in teoria? Corrispondono a quelle che ti sembra di provare ora osservando dinamicamente? Metti via tutti i pregiudizi, la verità è sempre dentro di te. Non guardare credendo ciecamente a ciò che ti ho fornito io. Controlla solo se ciò che osservi corrisponde a ciò che ti ho descritto. Ragiona sui movimenti, pensa a come avresti potuto agire tu, ora che hai i mezzi giusti per farlo.

Anche se stai facendo molto meno sforzo in confronto a leggere e a rileggere sempre le stesse cose, stai usando il cervello dieci, cento volte di più di come finora sei stato abituato. In più rifletti su ciò che è vero per te. Il più delle volte fallisci perché, anche se ti auto-motivi leggendo certe cose ben determinate, sotto sotto la tua mente non riesce ad accettarle tutte, anche se in sé sono giuste.

Il segreto è imparare a interrogarsi: «Finora ciò che ho letto lo sento tutto vero per me? E se non è così, cosa è vero e cosa no?»

Dopodiché tieni solamente le cose che sono vere per te. Così facendo vedrai che migliorerai considerevolmente la tua vita! Imparerai a interrogarti su tutto, a essere più razionale e meno impulsivo.

Per completare, come tempistica una passeggiata di una trentina di minuti è più che sufficiente per i tuoi scopi. I primi venti minuti li dedicherai a un'attenta osservazione di tutto ciò che ti circonda, cercando di non perdere nessuna informazione. Gli ultimi dieci minuti invece li userai solamente per rilassarti, continuando a passeggiare, a osservare, ma senza la forzata concentrazione sui movimenti e i gesti delle mani. Continuerai comunque a immagazzinare informazioni e in parte a rielaborarle. C'è qualcosa della teoria che non ricordi proprio? Non importa, la riosserverai la prossima volta.

SEGRETO n. 9: per rielaborare bene tutta la teoria sfrutta il secondo principio di *Osservare Dinamico*: mentre fai una passeggiata osserva le mani e le braccia delle persone che incontri.

E ora procediamo con il terzo e ultimo principio. Andiamo a visualizzare e a memorizzare definitivamente tutto. Anche qui ti descriverò un modo diverso per ogni capitolo. Il primo coinvolge dei principi propri del rilassamento e della meditazione. Il cervello vorticosamente cerca sempre di fare qualcosa. Il rilassamento e la meditazione sono il modo migliore per farlo riposare, per allentare ogni possibile tensione nervosa e muscolare che derivano da un eccessivo stress mentale.

Immagina ora, da un profondo stato di rilassamento, di focalizzarti sulla passeggiata che hai appena concluso. Rivivendo tutti i gesti che hai visto e che prima avevi letto in teoria, riuscirai a portare la tua mente completamente su questa tematica. Grazie a questo stato di completo relax, tutto il tuo cervello si concentrerà solo su ciò che hai appena vissuto, rivisitandolo e rivivendolo veramente per la seconda volta e molto più a fondo.

Così facendo, non avrai più bisogno di altro. Nessun esercizio, nessun test sul campo. Solamente sfruttando il potere della mente e della visualizzazione riuscirai a conoscere tutto ciò che ti serve sul linguaggio del corpo.

Quindi, ora ti devi rilassare. Per farlo cerca un posto comodo. Un materasso è certamente la scelta migliore. Devi trovare la posizione che più ti fa stare meglio. Evita qualsiasi tensione durante il rilassamento, il più delle volte queste derivano da una posizione scorretta. Una volta scelta la posizione migliore rivolgi i palmi delle mani verso l'alto: se sei seduto, appoggia il dorso delle mani sulle ginocchia; se invece sei disteso, appoggiali sul materasso, poco lontani dai fianchi.

Ora è il momento della respirazione. Devi respirare molto lentamente, riempiendo completamente i polmoni durante l'inspirazione e svuotandoli di nuovo completamente nell'espirazione. Inspira dal naso ed espira dalla bocca, lasciando passare alcuni secondi tra una fase e l'altra. Dopo una decina di respirazioni ti accorgerai di essere già in un buono stato di rilassamento. Sempre continuando con questa respirazione profonda, ora focalizza l'attenzione sui tuoi palmi. Immagina di stare immagazzinando dell'energia da essi. Senti lo sfrigolio, una certa tensione sulla superficie della pelle. Quando senti bene questa sensazione, immagina che l'energia inizi a scorrere attraverso i palmi lungo i polsi, le braccia, le spalle, il collo, il petto, e così via, verso le gambe e infine i piedi. Una volta riempito di energia, immagina che essa ti invada anche la testa. Ora fermati, e considera come ti senti. Sicuramente ti senti in uno stato di profondo relax, ma allo stesso tempo mentalmente vigile. Ecco, ti sei creato le condizioni perfette per iniziare a rielaborare tutto ciò che hai vissuto durante la tua passeggiata!

Attendi ancora un po' di tempo, lascia che la tua mente vaghi senza una logica apparente. Se ti passano dei pensieri per la testa non preoccuparti, lascia che riaffiorino e che se ne vadano. Quando ti senti pronto, passa all'ultima fase. Ora rivivi tutto ciò che hai visto, scoperto e verificato attraverso la teoria prima, e la passeggiata poi. Rivediti mentre passeggi, mentre noti i vari gesti, mentre osservi dinamicamente le altre persone. Tutto il tuo corpo e tutta la tua mente sono focalizzati su questo. Ti basteranno pochi minuti per rivivere bene tutto e per memorizzarlo definitivamente.

Non ti rimane che fermarti e contemplare quanto hai imparato. Quando ti senti pronto, smetti nuovamente di pensare e ritorna nello stato precedente. Sempre con la respirazione che ti ho insegnato prima (e che hai sempre mantenuto per tutto il tempo) rilassa la mente e lascia che i pensieri scorrano liberi, come credono. Ora, quando lo ritieni opportuno, apri gli occhi. Scoprirai di essere pieno di energia, in uno stato di completa euforia! Il tuo corpo sarà in preda a un formicolio incredibile, perché sarà colmo di energia.

SEGRETO n. 10: per memorizzare ancora più profondamente l'osservazione dinamica della passeggiata, sfrutta i principi della meditazione e del rilassamento secondo il terzo principio di *Osservare Dinamico*.

Ora sei pronto a passare al terzo capitolo di questa guida, verso la scoperta di una nuova parte del linguaggio del corpo: il volto. Scoprirai, come ormai hai capito, la teoria del viso, la sua osservazione dinamica e, infine, la sua memorizzazione.

RIEPILOGO DEL CAPITOLO 2:

- SEGRETO n. 6: i palmi delle mani trasmettono sincerità e apertura se sono rivolti verso gli altri. Se invece sono rivolti verso se stessi, denotano chiusura e menzogna.
- SEGRETO n. 7: i tre gesti di comando più comuni riguardano i palmi. Il palmo verso l'alto è positivo, quello verso il basso è autoritario, il dito puntato è semplicemente da evitare.
- SEGRETO n. 8: esistono sei gesti comuni delle braccia: le braccia incrociate al petto, la posizione rinforzata, la presa delle braccia, i pollici verso l'alto, l'incrocio parziale e l'incrocio della zip rotta.
- SEGRETO n. 9: per rielaborare bene tutta la teoria sfrutta il secondo principio di *Osservare Dinamico*: mentre fai una passeggiata osserva le mani e le braccia delle persone che incontri.
- SEGRETO n. 10: per memorizzare ancora più profondamente l'osservazione dinamica della passeggiata, sfrutta i principi della meditazione e del rilassamento secondo il terzo principio di *Osservare Dinamico*.

CAPITOLO 3:
Come capire una persona dal volto

In questo capitolo analizzeremo il volto, le sue caratteristiche e le sue espressioni. L'analisi del viso è molto importante per riconoscere sincerità e schiettezza. Inoltre è fondamentale per individuare le menzogne (ancora più palesi se accompagnate dalle mani).

Quando una persona mente, in genere tende a nascondere alcune parti del volto con le mani. Queste parti sono attribuibili agli organi di senso. Uno di questi, l'occhio, è molto utile per l'interpretazione del pensiero. Grazie a un attento studio potrai capire a cosa sta pensando una persona, quali sono le sue passioni e i suoi sentimenti.

Per queste sensazioni lo strumento più potente che abbiamo a disposizione è il sorriso. La frase "sorridi sempre quando incontri qualcuno" è molto azzeccata: un sorriso ricevuto ci impone una reazione positiva (e del tutto involontaria, inconscia). Ci scioglie. Come avrai capito, in questo capitolo ti parlerò dell'importanza degli occhi e del sorriso e come scovare le menzogne. Tutto ciò che ti serve lo troverai nelle prossime pagine.

SEGRETO n. 11: lo studio del volto riguarda soprattutto gli occhi e il sorriso. Con questi si possono scovare anche le menzogne.

I segnali lanciati dagli occhi

Gli occhi hanno sempre ricoperto un ruolo fondamentale nel comportamento umano, essendo uno degli organi sensoriali più usati e sviluppati., Quando parli con una persona è il contatto visivo che stabilisce il rapporto tra te e il tuo interlocutore: spesso gli occhi comunicano desiderio di predominio. Ti sarà sicuramente capitata la situazione in cui ti sei sentito a disagio nel parlare a una persona, proprio perché non staccava i suoi occhi dai tuoi, con atteggiamenti freddi e distaccati.

Nonostante il luogo comune che bisogna sempre fissare le persone negli occhi, è buona norma non eccedere in questa pratica, ma riservare al massimo la metà del tempo della conversazione a questo scopo. Oltre si va nella spiacevole situazione dell'esempio di prima, rischiando di risultare antipatici o peggio.

Con le prime occhiate valutiamo le persone, sempre. Da lì la scelta se approfondire o meno la loro conoscenza. Ricorda che, se deciderai di non conoscerle, l'opinione che ti resterà di loro sarà superficiale e forse anche falsata.

Il linguaggio delle pupille

Le pupille si dilatano e si contraggono non solo in condizioni di luce scarsa o abbondante, ma anche in situazioni emotive diverse, dovute a cambiamenti d'umore e stati d'animo. Quando una persona è eccitata, le sue pupille si possono dilatare anche di quattro volte le dimensioni normali, mentre possono diventare di dimensioni ridottissime in stati d'animo negativi.

È per questo motivo che una persona risulta più seducente quando presenta le pupille dilatate, mentre ti darà l'idea di "vipera" quando le sue pupille saranno ridotte a capocchie di spillo. Questo comportamento lo puoi trovare anche negli animali: sicuramente ti è capitato di provare una tenerezza infinita osservando un bel gattone alla ricerca di cibo, grazie alle sue enormi pupille dilatate (avete presente il Gatto con gli stivali nei film di Shrek?). Quindi, concretamente, se a una tua esclamazione le pupille degli altri si restringono, sarà meglio cambiare argomento.

Lo stato d'animo dalle sopracciglia

Le sopracciglia sono molto importanti per scoprire lo stato d'animo: aggressivo se sono abbassate fino all'altezza degli occhi, sottomesso se sono alzate più del normale (usate molto spesso dalle donne, per risultare più affascinanti e seducenti).

Capire il pensiero di una persona dagli occhi

Questa parte va ad analizzare una tecnica molto famosa della PNL, la Programmazione Neuro-Linguistica elaborata da Grinder e Bandler. Questa tecnica si interessa ai movimenti oculari, assegnando a ognuno di essi uno specifico significato. Questi movimenti sono quattro. Se lo sguardo è rivolto:

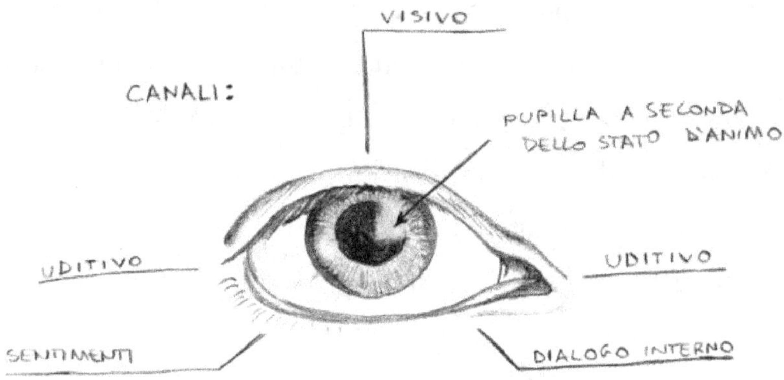

- in alto, la persona sta ricordando qualcosa di visivo;
- di lato (con il capo leggermente inclinato), la persona sta ricordando qualcosa di uditivo;
- in basso a destra, la persona sta rievocando sentimenti e stati d'animo;
- in basso a sinistra, la persona sta parlando con se stessa.

Durante un dialogo puoi così capire se il tuo interlocutore sta rievocando immagini, suoni o emozioni, o ancora se sta parlando con se stesso.

Mentire con gli occhi

Il primo dei due modi per scoprire le menzogne sta nell'osservare attentamente lo sguardo del nostro interlocutore. Se passa più di due terzi del tempo fisso sui vostri occhi, o è veramente sedotto da voi (e quindi presenterà delle pupille dilatate) oppure vuole intimorirvi. Nel secondo caso sarà possibile che vi stia anche raccontando menzogne perché, nonostante il credo popolare (che vuole si distolga lo sguardo mentre si dicono bugie) solitamente, soprattutto se uno è abituato a mentire, la persona tende a mantenere lo sguardo fisso, proprio per cercare di convincere l'altro della sua affermazione/menzogna.

Il secondo modo per scoprire le bugie riguarda sempre l'osservazione degli occhi, ma questa volta consideriamo la frequenza dei battiti delle palpebre. In media compiamo sei-sette battiti al minuto. Se questo numero è molto più alto, allora è molto probabile che ciò che ci sta dicendo il nostro interlocutore sia una menzogna. Quindi, se ci troviamo di fronte un individuo che non ci stacca gli occhi di dosso, con le pupille normali (o più piccole) e con una frequenza di battiti superiori alla norma, saremo quasi sicuri che non ci ha detto tutta la verità.

SEGRETO n. 12: le pupille comunicano le emozioni e le sopracciglia gli stati d'animo. I movimenti oculari ci parlano del pensiero e gli occhi in generale della verità.

La forza e l'importanza del sorriso

Sorridere è riconosciuto universalmente come un segno di felicità. Impariamo a sorridere fin dalla più tenera età. Già a poche settimane dalla nascita sorridiamo, mentre il vero e proprio "ridere" arriva verso il quarto mese dalla nascita. Il sorriso nel linguaggio del corpo e nella comunicazione è un elemento fondamentale. Esso ti permette di far crescere i rapporti con le persone.

Il sorriso è un'arma efficacissima, ma anche a doppio taglio. Tecnicamente, sorridere significa coinvolgere due particolari muscoli facciali: il primo, situato al lato del viso, che lo percorre fino al lato della bocca; il secondo, che interessa gli occhi e li fa tendere all'indietro. Il primo fa aumentare il volume delle guance, allarga la bocca e mette in evidenza i denti, mentre il secondo forma le cosiddette "zampe di gallina" intorno agli occhi.

È grazie a questi due muscoli che puoi capire la sincerità di una persona. In genere, nella simulazione del sorriso si coinvolge il primo muscolo e non il secondo. Se non ci sono le zampe di gallina, è finto.

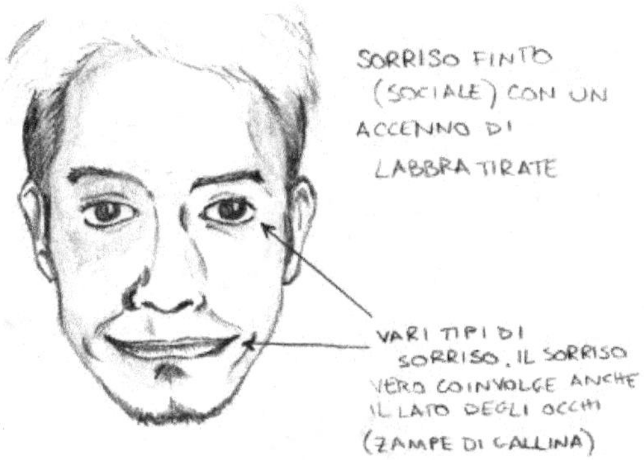

Il sorriso è anche inteso come gesto di sottomissione: induce l'idea che non sei pericoloso e che vuoi essere accettato dagli altri. Inoltre è contagioso: quando lo rivolgi a qualcuno, questi il più delle volte contraccambierà involontariamente (anche se, magari, con un falso sorriso). Un ulteriore modo per riconoscere un sorriso finto è osservare se viene accentuato da un lato del viso. In genere, quando una persona si sforza di sorridere, ne scaturisce un sorriso storto. Vediamo ora qualche sorriso particolare.

Il sorriso con le labbra tirate

Sorriso che tende le labbra fino a raggiungere quasi una linea, e nasconde completamente i denti. Qui la persona ha un segreto che non vuole rivelare, o un'opinione di qualcuno che non vuole esternare.

Il sorriso con la mandibola abbassata

In questo tipo di sorriso la mandibola viene abbassata volutamente per dare l'impressione di sorridere, o comunque di giocare. Essendo un sorriso voluto, risulta essere falso e, se associato a un uso simultaneo e corretto degli occhi e della fronte, più risultare difficile da individuare. Un esperto di questo sorriso è sicuramente l'attore americano Jack Nicholson.

A questi due modi di sorridere si può aggiungere un terzo, meno importante ma comunque presente, e che simboleggia il sarcasmo. È il sorriso storto, che porta la parte sinistra del viso ad alzarsi, mentre quella destra ad abbassarsi (riguarda le sopracciglia, i muscoli della guancia e i lati della bocca).

Ricorda, sorridere fa bene! Produce nel corpo le endorfine, che sono gli "antidolorifici" naturali del corpo. È per questo che chi fa una vita serena e felice è meno soggetto a malattie e vive più a lungo! Un buon motivo per sorridere sempre, no?

Riconoscere le bugie attraverso il volto

Quando una persona mente ha il totale controllo sulle parole, ma non sui segnali del corpo. Specialmente sui gesti del viso, difficilmente una persona riuscirà ad avere un controllo completo. Essi sono automatici e quasi sempre impercettibili per chi li compie. Il principio fondamentale che devi conoscere per riconoscere le menzogne è quello del "non vedo, non sento e non parlo".

La mano sulla bocca

La mano va a coprire la bocca, come per cercare di fermare le parole menzognere che ne stanno uscendo. Se questo gesto viene compiuto da chi ti sta ascoltando, probabilmente questa persona sta pensando che stai raccontando delle bugie. Fai molta attenzione a questo gesto.

Toccarsi il naso

Avviene quando si tocca il naso con rapidi e leggeri sfregamenti sotto di esso, o quando vi è un unico tocco veloce. Questo gesto va relazionato anche ad altri possibili indicatori di menzogna. Quando prude veramente il naso si verifica uno sfregamento più deciso e continuo, e non tocchi veloci e quasi impercettibili.

Stropicciarsi l'occhio

La mano, ma in genere una o due dita, vanno a "nascondere" un occhio, andandolo a sfregare. Il cervello, in questo caso, cerca di non vedere la menzogna.

Sfregarsi l'orecchio

Significa che non si vuole ascoltare la bugia, cercando di bloccare le parole prima che entrino nell'orecchio. Se questo atteggiamento si verifica in chi ti sta ascoltando, significa che il soggetto ha sentito abbastanza e che magari vuole replicare qualcosa.

Grattarsi il collo

È un segno di incertezza che può diventare sinonimo di menzogna quando viene accompagnato con una frase del tipo: «Capisco benissimo come ti senti». In questo caso il pensiero della persona risulta totalmente l'opposto.

Le dita in bocca

Le dita in bocca sono un tentativo inconscio di ritorno all'infanzia, e alla sicurezza di quell'età. Quando una persona si sente sotto pressione, è un tentativo di protezione, come quando il neonato succhia il latte materno o il bambino piccolo si succhia il pollice.

SEGRETO n. 13: un sorriso sincero provoca le zampe di gallina ai lati degli occhi ed è un segno di sottomissione. Per riconoscere le menzogne devi considerare il principio del "non vedo, non sento, non parlo".

Bene, il primo principio ora è soddisfatto. E dopo la teoria passiamo subito all'osservazione. Nel capitolo precedente hai osservato dinamicamente durante una passeggiata. Per il volto sarebbe troppo difficile afferrare tutti i particolari che ti ho descritto nella teoria, continuando a camminare.

Per risolvere questo problema sei costretto ad "avvicinarti" alle persone da osservare. Il luogo ideale per questo tipo di esercizio è il bar. Qui solitamente le persone sono molto numerose, parlano e gesticolano in libertà e raramente si accorgono se qualcuno le osserva. Ovviamente non dovrai essere troppo evidente. Sedersi a un tavolino a pochi metri da un gruppetto di persone e iniziare a fissarle spudoratamente in faccia non è il metodo giusto.

Per rimanere discreto ti consiglio di farti vedere occupato in qualcosa. Un espediente consiste nel portare con te un libro o una rivista. Ordina da bere e alterna la lettura con un sorso della bevanda. Usa le pause dalla lettura anche per osservare. Bene, scegli il locale e cerca di sederti in un posto in cui puoi osservare la maggior parte delle persone, preferibilmente senza dare nell'occhio. Ora guardati attorno. Osserva i gruppi dove c'è un'accesa discussione. Soffermati su tutti gli aspetti che hai letto nella teoria: osserva gli occhi, la bocca, i sorrisi, i gesti principali e l'uso delle mani sul viso. Come nel precedente capitolo, soffermati solo su ciò che ricordi della teoria, senza sforzarti troppo di riportare tutto alla memoria. Fissati solo su ciò che ricordi bene, e osservalo a fondo fino a farlo veramente tuo!

Come tempo di osservazione, anche qui puoi considerare una mezz'ora. Conta che non osserverai continuamente ma a intervalli più o meno regolari: stacca gli occhi dal libro ogni tanto e guardati in giro. Come nel capitolo precedente, dedica gli ultimi dieci minuti a un'osservazione più blanda, rilassando la mente.

Applicando bene il secondo principio del metodo *Osservare Dinamico* non avrai molte difficoltà nel ricordare tutto, nel riconoscere i segnali del volto e nell'interpretarli correttamente.

SEGRETO n. 14: per rielaborare bene tutta la teoria sfrutta il secondo principio di *Osservare Dinamico*: mentre sei al bar osserva i volti delle persone che ti circondano.

Bene, e ora vediamo il terzo principio. Nel capitolo precedente hai sfruttato il rilassamento. Ora immagazzinerai definitivamente il tutto attraverso la corsa, per la gioia di tutti gli sportivi. Perché ho scelto proprio la corsa, come metodo per immagazzinare definitivamente le informazioni nella mente? Sicuramente per avere tutti gli effetti positivi che la corsa induce nel nostro organismo: la perdita di peso corporeo, il maggior tono muscolare, il miglioramento della circolazione sanguigna, l'innalzamento del metabolismo, il miglioramento dell'umore e dell'autostima; inoltre, quando usiamo i muscoli per l'attività fisica, il nostro corpo produce una sostanza che si chiama serotonina, un neurotrasmettitore dall'effetto profondamente calmante.

Grazie a questa, combinata ai benefici dell'ossigenazione dei muscoli (da cui si ottiene una lieve sensazione di euforia) sarai messo in una condizione ideale per rivedere tutta la teoria appresa e osservata, in maniera lucida e assolutamente vigile, attraverso la visualizzazione.

Quindi, scegli un itinerario non troppo lungo che, a seconda dei tuoi ritmi di corsa, si adatti a un tempo di almeno trenta minuti. Come nel capitolo precedente, mentre corri, inizia a ripensare a tutto ciò che hai osservato.

Rivivi tutte le scene come la prima volta, cercando di riportare alla mente ogni cosa che hai percepito, visto e studiato. Rivedi come le persone hanno usato gli occhi, la bocca e i muscoli facciali per trasmettere sensazioni, emozioni e stati d'animo. Come usavano i gesti comuni, come mentivano o civettavano, come dialogavano, cosa pensavano attraverso il movimento dei bulbi oculari. Rivivi il tutto come se stesse di nuovo realmente accadendo, e fissalo così definitivamente nella mente. Fai questo lavoro per tutta la durata della corsa. Non dimenticare di fare cinque minuti di stretching per i muscoli delle gambe.

SEGRETO n. 15: per memorizzare ancora più profondamente l'osservazione dinamica al bar sfrutta la visualizzazione durante una corsa.

E ora passiamo alle gambe e alle loro intenzioni. Ricorda, io ti sto fornendo le strategie giuste, ma è solo con impegno e determinazione che potrai raggiungere risultati straordinari!

RIEPILOGO DEL CAPITOLO 3:

- SEGRETO n. 11: lo studio del volto riguarda soprattutto gli occhi e il sorriso. Con questi si possono scovare anche le menzogne.
- SEGRETO n. 12: le pupille comunicano le emozioni e le sopracciglia gli stati d'animo. I movimenti oculari ci parlano del pensiero e gli occhi in generale della verità.
- SEGRETO n. 13: un sorriso sincero provoca le zampe di gallina ai lati degli occhi ed è un segno di sottomissione. Per riconoscere le menzogne devi considerare il principio del "non vedo, non sento, non parlo".
- SEGRETO n. 14: per rielaborare bene tutta la teoria sfrutta il secondo principio di *Osservare Dinamico*: mentre sei al bar osserva i volti delle persone che ti circondano.
- SEGRETO n. 15: per memorizzare ancora più profondamente l'osservazione dinamica al bar sfrutta la visualizzazione durante una corsa.

CAPITOLO 4:
Come le gambe comunicano le intenzioni

Le gambe, così come le braccia, vengono incrociate e denotano chiusura. Esse sono un buon modo per individuare le incongruenze delle persone. Infatti, anche se mentalmente un individuo riesce a nascondere le sue intenzioni, calibrando bene il tono, controllando in parte espressioni, sorrisi, mani e braccia, potrà comunque venire smascherato dall'uso improprio (e totalmente inconscio) delle sue gambe!

Più una parte del corpo è situata lontano dal cervello, più è difficile avere il pieno controllo su di essa. Questo non significa che quando camminiamo non abbiamo il controllo sulle gambe. Significa solamente che, in situazioni in cui esse non hanno nessuno scopo (quando parliamo non serve usare le gambe, cosa molto diversa da quando ci dobbiamo spostare da un posto a un altro), assumono comunque posizioni e atteggiamenti che vanno al di là del nostro arbitrio, e che rilasciano indizi sulle emozioni e le intenzioni che viviamo al nostro interno. Puoi quindi capire come, grazie alle gambe, tu possa farti un quadro completo di una persona, valutando all'unisono tutti i gesti finora esaminati: delle mani, delle braccia e del viso, integrati agli arti inferiori.

Ricollegandomi al titolo di questo capitolo, un ruolo fondamentale nel mostrare le intenzioni lo ricoprono i piedi: più questi sono tenuti in movimento, con battiti e dondolamenti, più denotano insicurezza, ansia e tensione. I piedi indicano anche la direzione cui i nostri pensieri sono rivolti. Se, in una certa situazione, hai voglia di andartene e lasciarti tutto alle spalle, i tuoi piedi saranno rivolti involontariamente verso l'uscita principale. Allo stesso modo, se sei attratto da una persona, rivolgerai le tue attenzioni su di essa soprattutto grazie ai piedi. Se la troverai interessante, i tuoi piedi saranno orientati inconsapevolmente verso quella persona.

La nostra evoluzione ci ha portato a utilizzare le gambe soprattutto per procurarci il cibo e scappare dai pericoli. Quindi le due funzioni primarie stanno a indicare:

- un movimento di “avvicinamento a”, dove la meta in questo caso è il cibo per sopravvivere;
- un movimento di “allontanamento da”, dove lo scopo è scappare dai pericoli.

Queste due funzioni primarie sono rimaste insite nel cervello dell’uomo, nel suo DNA (ricordi all’inizio della guida?). Un osservatore attento potrà trovare questi due movimenti di avvicinamento e di allontanamento in molti gesti e atteggiamenti delle persone. Ovviamente non saranno palesi come mettersi a correre verso qualcuno o per scappare da qualcosa, ma saranno più sottili e velati. Questi si manifesteranno attraverso l’orientamento del corpo, con le punte dei piedi che, come visto in precedenza, punteranno verso il luogo in cui la mente vuole andare.

SEGRETO n. 16: le gambe, attraverso i piedi, indicano le intenzioni: possono essere un “avvicinamento a” oppure un “allontanamento da”.

Ora ti vado a illustrare le posizioni che si assumono più spesso quando si è in posizione eretta. In particolare, si possono riassumere in quattro maggiori posizioni, di seguito esposte.

Sull'attenti

Utilizzata soprattutto dai bambini con i maestri, dai soldati quando si rivolgono ai superiori e, in generale, più dalle donne che dagli uomini. È una posizione formale che non denota particolari intenzioni. Avviene quando la persona è in piedi con le gambe distese e unite. I piedi sono in una posizione standard, di solito leggermente "a papera".

Gambe divaricate

Usata in prevalenza dagli uomini, la si riscontra in molti film in cui il protagonista è "il duro" della situazione (si osserva spesso nei film western) e in molti avvenimenti sportivi, come le partite di calcio. Questa posizione consiste nel divaricare le gambe e puntare bene i piedi a terra, lasciando scoperta completamente la zona inguinale. È un chiaro segno di predominio e virilità. A volte vengono portate le mani vicino alla zona inguinale, appoggiandole sull'interno coscia, o inserendole parzialmente nelle tasche.

Gambe incrociate

Posizione assunta da un estraneo che si inserisce per la prima volta in un gruppo, oppure quando un insieme di persone si trovano a interagire per la prima volta. Le gambe sono incrociate a forbice (sempre in posizione eretta). Denota chiusura e riserbo.

Piede in avanti

Si verifica quando tutto il peso del corpo viene spostato su di un'anca, puntando il piede della gamba opposta in avanti. Questa posizione si trova molto spesso nei dipinti medievali in cui venivano ritratti i personaggi altolocati. È molto utile per capire le intenzioni di una persona, a seconda di dove sia puntato il piede.

SEGRETO n. 17: le posizioni che si assumono più frequentemente in posizione eretta sono quattro: sull'attenti, gambe divaricate, gambe incrociate e piede in avanti.

Andiamo avanti. Abbiamo visto le posizioni base delle gambe in posizione eretta. Ora ci saranno le posizioni base da seduti.

L'incrocio europeo

Il più comune. Consiste nell'incrociare una gamba sopra l'altra. Il più delle volte è la sinistra sulla destra. Si dice incrocio europeo perché è più frequente osservarlo tra la popolazione di questo continente. È un segno di chiusura e di difesa molto lieve. Se ad esso viene accompagnato anche l'incrocio delle braccia, diventa un allontanamento emozionale dalla conversazione.

L'incrocio delle caviglie

Ci sono due tipi di incroci, a seconda del sesso della persona. L'uomo incrocia le caviglie con i pugni chiusi appoggiati alle

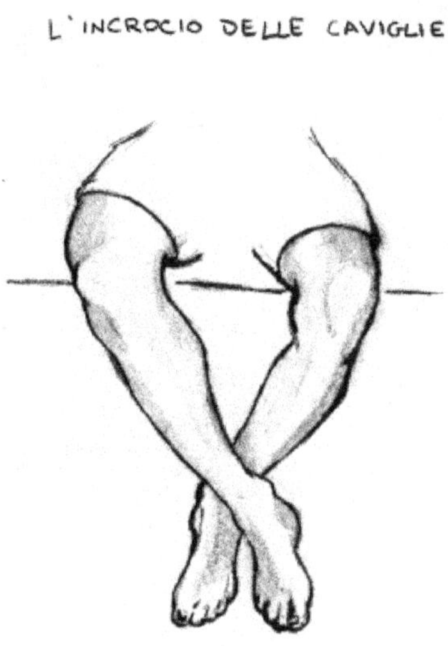

cosce (o ai braccioli della sedia) e con le gambe un po' aperte. Così le ginocchia si trovano distanti tra loro e le gambe si congiungono solo alla fine all'altezza delle caviglie, che appunto vanno a incrociarsi. La donna incrocia le caviglie con le gambe strette e in generale in modo più controllato. Questo gesto denota un certo sentimento negativo, di paura o di incertezza, che l'individuo cerca di non far trasparire agli altri.

Il quattro

Questo gesto è l'equivalente delle "gambe divaricate", usato in posizione eretta per dimostrare virilità, sicurezza e predominio. Infatti in questa posizione si appoggia una caviglia sopra al ginocchio della gamba opposta, andando a creare una specie di forma simile al numero quattro. In questa posa si mette in mostra la zona inguinale (ecco l'analogia con le gambe divaricate) e si vuole comunicare, anche in questo caso, virilità, sicurezza e predominio. In genere è usato più dall'uomo che dalla donna. Quest'ultima lo usa più che altro in presenza femminile, per non sembrare troppo mascolina e/o disponibile al maschio.

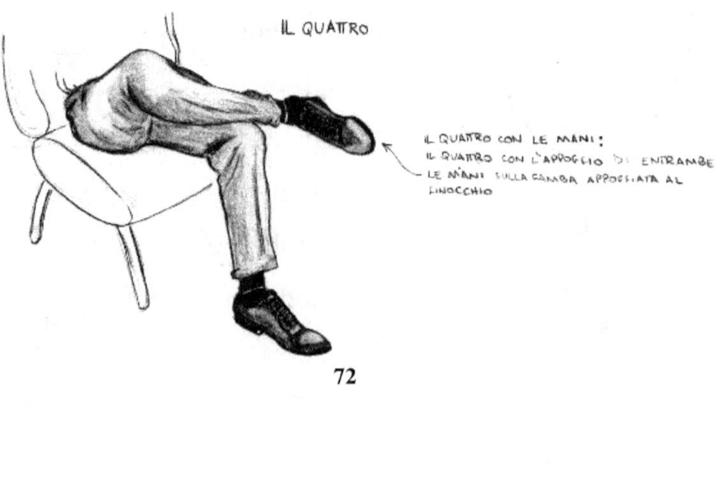

Il quattro con le mani

Il quattro con le mani è una variante della posizione precedente, che serve a rinforzare ulteriormente l'atteggiamento competitivo e di predominio. Questa posizione è uguale a quella del quattro, ma viene rinforzata dall'uso delle mani poste sulla gamba appoggiata al ginocchio, che in pratica bloccano la posizione. Chi usa il "quattro con le mani" di solito è una persona testarda che raramente accetta un'opinione diversa dalla sua.

L'intreccio delle gambe

Solitamente è una posizione usata esclusivamente dalle donne, soprattutto quelle che hanno una buona elasticità. Non è comune come tutte le altre, e denota insicurezza. Di solito è adottata quando la persona vuole nascondere le sue emozioni interne. La posizione comporta l'uso del dorso di un piede, che viene appoggiato dietro la gamba opposta. Per mettere a proprio agio una persona che usa questa posizione, ti consiglio di assumere un tono leggero e cordiale.

A gambe parallele

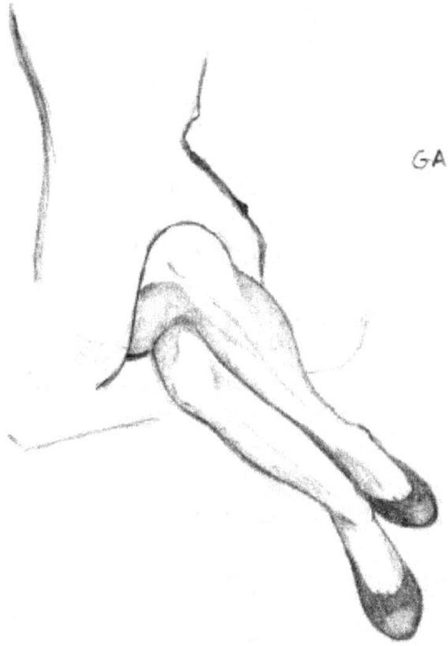

Questa posizione è adottata esclusivamente dalle donne, grazie alla loro particolare conformazione ossea del bacino (più largo di quello maschile) e delle gambe. È ritenuta dagli uomini come la posizione più sexy che una donna possa assumere da seduta, perché è un forte segnale di femminilità. Viene usata in prevalenza per attirare l'attenzione, e viene insegnata anche alle modelle tramite corsi di portamento (è una posizione spesso visibile in trasmissioni televisive in cui compaiono delle donne sedute). Praticamente le due gambe si accavallano e quella superiore si appoggia per tutta la sua lunghezza sull'altra.

Il piede avanti/indietro

Questa posizione serve ad accorciare o allungare le distanze tra te e un'altra persona. Se desideri qualcosa o qualcuno poni un piede in avanti nella direzione del tuo desiderio. Al contrario, se sei disinteressato, il piede verrà spostato all'indietro, in direzione opposta a ciò che ti da fastidio. È una posizione che si usa anche quando si sta eretti. In questo caso sarà più evidente e quindi più facile da interpretare.

SEGRETO n. 18: le posizioni che si assumono più frequentemente da seduti sono sette: l'incrocio europeo, l'incrocio delle caviglie, il quattro, il quattro con le mani, l'intreccio delle gambe, a gambe parallele e infine il piede avanti/indietro.

Bene, la teoria del quarto capitolo è ora terminata. Il primo principio è soddisfatto. Passiamo ora all'osservazione. In questo capitolo andrai a osservare le gambe direttamente nel luogo in cui hanno la massima visibilità e dove vengono usate con più frequenza: in discoteca. Questo è il luogo ideale per osservare le reazioni delle persone attraverso i loro arti inferiori. Qui le persone si conoscono, flirtano e si intrattengono con le rispettive compagnie, tramite il ballo e il divertimento. In tutte queste attività le gambe la fanno da padrone.

E ora inizia a chiederti: quando un ragazzo conosce una ragazza, come ha le gambe? E la ragazza che posizione assume? Potrebbe avere un atteggiamento collaborativo, ma dimostrare l'opposto con le sue gambe. Quindi qual è il suo vero pensiero? E tutte le persone al bancone che aspettano di essere servite, da che parte hanno rivolte le gambe? E quelle sedute sui divani e ai tavoli? Che posizioni da sedute assumono?

Anche senza ascoltarne i discorsi puoi capire subito chi è interessato e chi invece vorrebbe togliersi da una determinata situazione. Quindi osserva dinamicamente le gambe delle persone. Rievoca tutta la teoria che hai imparato, cerca di ricordarti il significato e associalo a ciò che stai vedendo in questo momento.

Poniti delle domande del tipo «Quella ragazza è veramente interessata o vorrebbe togliersi da quella conversazione?» e ancora «Quella coppia è in sintonia o no? Chi dei due vorrebbe andarsene per i fatti suoi?» Trova le risposte a tutte queste domande osservando le gambe. Ricordati tutte le posizioni e i loro significati.

Osserva sia le persone in piedi che quelle sedute (guarda verso i divani, di solito in discoteca ce ne sono sempre). Questa volta non ti voglio dare un tempo minimo o massimo. Lo saprai tu stesso quando fermarti. Dato che sei in discoteca, sei qui anche e soprattutto per divertirti.

Quando penserai di aver osservato abbastanza, cerca i tuoi amici e goditi la serata. Magari, mentre balli o parli con qualcuno, osservati un po' attorno. Anche quando si balla si può capire molto di una persona. Dagli atteggiamenti e dalle gambe capirai le intenzioni e in minima parte il carattere.

In sintesi, cerca di osservare il maggior numero di gesti, ricollegandoli a quelli studiati nel primo principio di *Osservare Dinamico*. Ancora una volta (come già detto nei precedenti capitoli) se qualcosa della teoria ti sfugge, non sforzarti per riportarla alla memoria. Divertiti, goditi la serata. Ciò che non ti sei ricordato subito lo rileggerai in un secondo momento, per poi osservarlo in un'altra occasione. Alterna momenti di osservazione a momenti di pausa. Magari conosci qualche nuova persona, rifletti sulla sua posizione e su quanto può essere interessata a te.

SEGRETO n. 19: per rielaborare bene tutta la teoria, sfrutta il secondo principio di *Osservare Dinamico*: mentre ti stai divertendo in discoteca, osserva le gambe delle persone intorno a te.

Ora manca solo il terzo principio per concludere con successo il quarto capitolo. Come sempre ti indicherò un nuovo modo di memorizzare attraverso la visualizzazione. Questa volta utilizzerai la natura come veicolo di rilassamento e pace. È ora di ritornare alle origini, di accostarsi alla madre di tutto, di usare la natura in tutta la sua bellezza. Se vivi, come me, in una zona verde, non dovresti aver problemi. Se abiti in città la tua unica soluzione è il parco. Sicuramente ce ne sarà uno abbastanza grande e poco rumoroso (rumore inteso come traffico cittadino). Cerca di trovarne uno che abbia solo un sottofondo "naturale".

Scegli la giornata giusta, soleggiata, con una temperatura confortevole e rilassante. Portati in mezzo alla natura o, in alternativa, raggiungi il parco. Inizia quindi a rivederti nell'osservazione dinamica. Guardati nuovamente mentre applichi il secondo principio. Rivivi tutti i movimenti che hai studiato in discoteca. Ripensa alle persone, alle loro emozioni e alle loro intenzioni. Ora hai capito perfettamente ciò che in realtà volevano fare. Rivedi mentalmente tutte le scene. Riguardati i gesti più comuni con le gambe, gli incroci, le posizioni in piedi e da seduti. Quindi quelle sull'attenti, a gambe divaricate, a gambe incrociate e con il piede in avanti. E ancora l'incrocio europeo, l'incrocio delle caviglie, il quattro, il quattro con le mani, l'intreccio delle gambe, le gambe parallele e infine il piede avanti/indietro. Ripensa alle intenzioni delle persone, a seconda di come assumevano alcune posizioni rispetto ad altre.

Dedica al terzo principio di *Osservare Dinamico* il tempo necessario per rivedere tutto, visualizzarlo e memorizzarlo profondamente. Usa venti minuti intensi e dieci più rilassati. Come sempre, se non ricordi proprio tutto non importa: lo rivedrai meglio e definitivamente appena ne avrai l'occasione.

SEGRETO n. 20: per memorizzare ancora più profondamente l'osservazione dinamica, sfrutta la calma di un bel paesaggio. Rilassati nella natura. Rispetterai così il terzo principio di *Osservare Dinamico*.

E anche il quarto capitolo è terminato. Sei quasi giunto al termine della guida, ti mancano ancora pochi concetti da sapere: gli spazi personali e il ricalco. La guida sta per finire, ancora un attimo di impegno e determinazione e finalmente raggiungerai il tuo obiettivo.

RIEPILOGO DEL CAPITOLO 4:

- SEGRETO n. 16: le gambe, attraverso i piedi, indicano le intenzioni: possono essere un “avvicinamento a” oppure un “allontanamento da”.
- SEGRETO n. 17: le posizioni che si assumono più frequentemente in posizione eretta sono quattro: sull’attenti, gambe divaricate, gambe incrociate e piede in avanti.
- SEGRETO n. 18: le posizioni che si assumono più frequentemente da seduti sono sette: l’incrocio europeo, l’incrocio delle caviglie, il quattro, il quattro con le mani, l’intreccio delle gambe, a gambe parallele e infine il piede avanti/indietro.
- SEGRETO n. 19: per rielaborare bene tutta la teoria, sfrutta il secondo principio di *Osservare Dinamico*: mentre ti stai divertendo in discoteca, osserva le gambe delle persone intorno a te.
- SEGRETO n. 20: per memorizzare ancora più profondamente l’osservazione dinamica, sfrutta la calma di un bel paesaggio. Rilassati nella natura. Rispetterai così il terzo principio di *Osservare Dinamico*.

CAPITOLO 5:

Come usare gli spazi personali e il ricalco

Ogni persona ha uno spazio attorno al proprio corpo che definisce la sua area personale. L’ampiezza di quest’area è dovuta alle caratteristiche dell’ambiente in cui vive e alle condizioni a cui è soggetta. Essa è indirettamente proporzionale alla densità di popolazione. Più è alta la densità, minore sarà lo spazio personale!

Vediamo un attimo anche il ricalco o *rapport*. Di solito le persone non ne sono consapevoli, ma il corpo umano tende a rispecchiare i movimenti e le pose dei suoi interlocutori. Questo atteggiamento è molto utile e usato spesso per ricevere un “lasciapassare” sociale. La persona può così essere integrata in un gruppo, o comunque essere accettata da un altro individuo.

È come se il tuo corpo dicesse: «Se mi guardate noterete che sono uguale a voi, ho le vostre stesse pose, atteggiamenti e sensazioni».

L'uomo è un animale sociale e tende sempre a uniformarsi agli altri. L'imitazione lo fa sentire a suo agio. Pensa alla moda: perché ci vestiamo tutti allo stesso modo?

Ora approfondiamo gli spazi personali. Figurati mentalmente una bolla di sapone. Immaginala abbastanza grande da poter contenere una persona. Ora, la dimensione di questa bolla andrà a indicare quale e quanto sia lo spazio personale del soggetto al suo interno. Questo spazio può variare a seconda del paese di origine, ma generalmente mantiene più o meno le stesse dimensioni. A sua volta, esso si può suddividere in altri sottospazi minori, che qui di seguito vado a illustrarti.

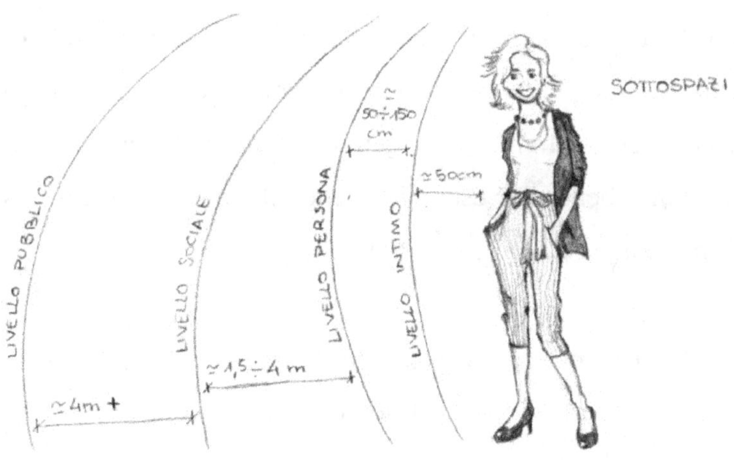

Primo sottospazio: livello intimo

Si estende dalla persona fino a circa mezzo metro. È lo spazio più importante perché è la zona che più si cerca di difendere. È una zona con un alto livello di emotività. Qui vi accedono gli innamorati, gli amici intimi e i familiari.

Secondo sottospazio: livello persona

Si estende dai cinquanta centimetri fino a una distanza variabile tra il metro e il metro e mezzo. È la distanza che si usa solitamente in tutte le occasioni sociali, tra se stessi e le altre persone.

Terzo sottospazio: livello sociale

Varia dal metro, metro e mezzo, e raggiunge una distanza dai tre ai quattro metri. Viene usata dalle persone quando hanno a che fare con degli estranei, e in genere da tutte le persone che non conosciamo bene. Per esempio viene adottata spesso in presenza di estranei in casa, come un idraulico.

Quarto sottospazio: livello pubblico

Si estende a partire dai tre o quattro metri. È quella distanza che adottiamo quando cerchiamo di sentirci a nostro agio in mezzo alla folla. Quando una persona si trova all'interno di un gruppo affollato di persone, per rientrare a proprio agio tende a stabilire tra se stesso e gli altri una distanza considerevole.

Quindi, se non conosci ancora bene una persona, evita di invadere il suo livello intimo!

SEGRETO n. 21: lo spazio personale si divide in quattro sottospazi: il livello intimo, il livello persona, il livello sociale e il livello pubblico.

Ci sono delle eccezioni per cui ciò che ti ho detto in precedenza non vale. Infatti, in luoghi come l'autobus o la metropolitana, gli spazi personali si annullano. Questi casi vanno analizzati in maniera diversa: dove ci sono situazioni di affollamento le cose cambiano a seconda delle culture e quindi delle regole dettate dal buon costume.

Per esempio ti sarà capitato di usare un ascensore in presenza di altre persone. Come ti sei comportato in quella situazione? Anche se eri assieme a qualche conoscente, probabilmente sei rimasto zitto tutto il tempo. Allo stesso tempo quasi sicuramente non hai guardato le persone negli occhi. E ancora, è probabile che tu sia rimasto praticamente immobile.

Se ci pensi, tutte queste cose fanno parte di un codice mai scritto di buon comportamento. Questo codice si applica a tutte le manifestazioni in cui compare un buon numero di persone. Praticamente dissimuli i sentimenti negativi, nascondendoli dietro un'aria di impassibilità. Ovviamente le persone soggette alla folla non sono necessariamente infelici. Semplicemente si difendono da chi invade il loro spazio personale.

Devi sapere anche che gli spazi personali dipendono soprattutto dalla cultura e dal paese di origine. Un italiano avrà un sottospazio intimo molto inferiore rispetto a quello di un giapponese. In generale, gli abitanti dei paesi latini presentano zone molto più ristrette rispetto alle persone originarie dei paesi nordici. È quindi molto importante conoscere questi principi base proprio per evitare spiacevoli equivoci. Se ti capita di andare all'estero, guarda prima come si atteggiano le altre persone.

Capirai fino a che punto potrai avvicinarti a loro senza infastidirle.

SEGRETO n. 22: gli spazi personali dipendono molto dal luogo e dalla cultura di origine. Un italiano avrà un sottospazio intimo molto inferiore rispetto a quello di un giapponese.

Bene, sei arrivato finalmente all'ultimo argomento teorico della guida: le immagini allo specchio e il concetto di rapport. Perché l'uomo si sente in sintonia con una persona? Perché sente di avere un certo feeling? Te lo sei mai chiesto? Questa sensazione è dovuta, in prevalenza, al nostro DNA: le persone con le stesse idee e opinioni tendono a ricopiare inconsciamente i rispettivi linguaggi corporei. In questo modo comunicano entrambe un messaggio di pari intenzioni, sentimenti e atteggiamenti.

Tutte le persone sulla Terra usano il ricalco più o meno involontariamente, ogni volta che sono in sintonia con gli altri. Uniche eccezioni sono in presenza di autismo o di ubriachezza. Piccola nota interessante: il sesso femminile è molto più capace a usare il rapport e a identificarlo. Il motivo è, come al solito, evolutivo: l'uomo si è abituato a nascondere le proprie emozioni dietro un volto impassibile (la virilità maschile), mentre la donna, che nell'evoluzione è stata più oggetto di protezione e cura, non ne ha mai avuto bisogno. In questo modo ha sviluppato una capacità superiore di lettura e di utilizzo del ricalco.

Il rispecchiamento non è solo linguaggio del corpo. Ne esiste un altro, di pari importanza, chiamato "parte paraverbale". Questo è il rispecchiamento del tono e della velocità della voce. Quindi è molto importante cercare di adattare la propria voce con quella dell'altra persona.

SEGRETO n. 23: il ricalco o rapport viene usato dalle persone involontariamente per comunicare le stesse idee e opinioni, quando sono in sintonia con gli altri. Comprende sia il linguaggio del corpo sia il paraverbale.

Complimenti! Hai concluso efficacemente tutta la teoria. Dato che abbiamo soddisfatto il primo principio di *Osservare Dinamico*, passiamo immediatamente al secondo.

Oggi osserverai dinamicamente in un luogo più o meno affollato, a seconda dell'orario: in autobus. Se vivi in città chissà quante volte lo hai già utilizzato. Se invece abiti in un piccolo paese probabilmente ci sarai salito molto di rado. In questo caso, considera tutti i miei futuri consigli rapportandoli a un luogo diverso ma comunque ricco di persone. Un luogo buono potrebbe essere la fila alla posta. Bene, andiamo avanti. Come ormai hai capito, ora analizzerai gli spazi personali e il ricalco.

L'autobus è il luogo ideale per osservare soprattutto gli spazi personali. Per quello che riguarda invece il rapport dovrai tenere in considerazione soprattutto le persone che si conoscono e che intavolano delle conversazioni. In futuro, se vorrai approfondire ulteriormente il rispecchiamento delle persone, potrai farlo in qualsiasi luogo in cui avvengono interazioni sociali. In questo caso ti do carta bianca. Avrai il libero arbitrio di scegliere tu dove e come osservare.

Bene, una volta a bordo cerca di posizionarti dove potrai vedere la maggior parte delle persone. Inizia quindi a osservare dinamicamente chi ti circonda. Studia queste persone quando entrano ed escono dal mezzo pubblico. Guarda dove si siedono e quale posto scelgono. Osserva le espressioni che adottano per chiudersi in difesa. Se ne hai l'occasione guarda soprattutto quelli che si conoscono tra di loro. Nota come gli spazi personali vengono violati, soprattutto se sei in un'ora di punta e le persone abbondano.

Rievoca tutta la teoria che hai imparato, cerca di ricordarti il significato e associalo a ciò che stai vedendo in questo momento. Poniti delle domande: «Come si deve sentire in realtà quella persona cui viene violato lo spazio personale?» oppure «Quella coppia è in sintonia? Il ricalco del corpo è avvenuto, oppure no e sono in disaccordo?» Come sempre trova le risposte a tutte queste domande, osservando dinamicamente spazi e rapport. Ricordati tutta la teoria e il suo significato. Osserva sia le persone in piedi che quelle sedute.

In questo caso non ti pongo dei veri e propri limiti di tempo. Diciamo che il massimo sarà un'ora. Questa scelta è condizionata più da fattori esterni all'osservazione, come la validità del biglietto nel tempo.

Ovviamente non sei costretto a rimanere un'ora intera sull'autobus. Sfrutta semplicemente il tempo che usi di solito per spostarti da un luogo a un altro. Invece di perdere questo tempo, usalo per imparare dinamicamente. Finché non hai rivisto tutta la teoria, usa tutti i tuoi spostamenti allo scopo.

Quando credi di aver osservato tutto ciò che hai letto, semplicemente smetti di osservare. Come già detto negli scorsi capitoli, cerca di osservare tutti i concetti di spazi personali e ricalco, andando così a soddisfare anche il secondo principio di *Osservare Dinamico*. Nuovamente, se qualcosa della teoria ti sfugge, non sforzarti di riportarla alla memoria. Semplicemente lascia stare, la osserverai in un secondo momento. La rileggerai e la riosserverai meglio.

Puoi anche alternare momenti di osservazione a momenti di pausa. Per osservare sempre perfettamente a volte è preferibile non sforzarsi troppo a lungo. Se ti accorgi che l'attenzione sta scemando e che inizi a divagare con la mente, non andare oltre. Termina il viaggio senza troppi pensieri. Continuerai in seguito.

SEGRETO n. 24: per rielaborare bene tutta la teoria, sfrutta il secondo principio di *Osservare Dinamico*: mentre stai sull'autobus osserva gli spazi personali e il ricalco delle persone intorno a te.

Ora, in conclusione al capitolo e alla guida, non mi rimane che indicarti le istruzioni del terzo principio. Come sempre ti indicherò un nuovo modo di memorizzare il tutto attraverso la mente. Ricordi che, nel secondo capitolo, hai osservato dinamicamente durante una passeggiata? Dato che siamo alla fine, ho pensato di concludere allo stesso modo di come abbiamo iniziato. Se prima hai rispettato il secondo principio camminando, sempre camminando ora rispetterai anche il terzo.

Cerca un parco nella tua città, o una bella strada di montagna (o campagna) vicina al tuo paese. L'importante è che sia abbastanza tranquilla da permetterti il pieno uso della mente. Scegli una giornata soleggiata e inizia con la visualizzazione. Rievoca lentamente tutte le situazioni che hai osservato sull'autobus. Prova proprio a visualizzarti mentre sei seduto e ti guardi in giro. Rivivi tutte le scene. Ripensa alle persone, alle loro emozioni, intenzioni e ai loro comportamenti. Soprattutto quando il loro spazio personale è stato messo a dura prova, che cosa pensi che abbiano provato? E come hanno reagito? Poniti queste domande e fattene delle altre. Riguardati anche i gesti effettuati nelle varie situazioni di rispecchiamento. Chi "conduceva" il dialogo? Chi invece lo seguiva? Fatti pure tutte le domande che ti sei già fatto durante l'osservazione dinamica. Ora però stai rivivendo le scene. Grazie a questo adesso le fortifichi bene nella tua mente.

Dedica al terzo principio di *Osservare Dinamico* il tempo necessario per rivedere tutto e memorizzarlo profondamente. Adatta il tempo di memorizzazione alla passeggiata. Una volta che sarai stanco o stufo, decidi pure di tornare verso casa. Nel caso in cui ti manchi ancora qualche dettaglio, non farti problemi. Li potrai comunque rivivere in seguito. L'importante è che tu non faccia trascorrere troppo tempo dall'osservazione dinamica.

SEGRETO n. 25: per memorizzare ancora più profondamente l'osservazione dinamica in autobus, sfrutta nuovamente la passeggiata. Rispetterai così il terzo principio di *Osservare Dinamico*.

Congratulazioni! Sei giunto finalmente alla fine del capitolo e della guida. Finalmente, con le strategie giuste, puoi conoscere il linguaggio del corpo. Ora dipende da te, dalla tua determinazione e dal tuo impegno.

Come ti senti ora? Hai trovato le risposte giuste? Se, come penso, hai letto queste pagine tutte d'un fiato, ora è tempo di rileggerle e mettere in pratica, capitolo per capitolo, il linguaggio del corpo!

RIEPILOGO DEL CAPITOLO 5:

- SEGRETO n. 21: lo spazio personale si divide in quattro sottospazi: il livello intimo, il livello persona, il livello sociale e il livello pubblico.
- SEGRETO n. 22: gli spazi personali dipendono molto dal luogo e dalla cultura di origine. Un italiano avrà un sottospazio intimo molto inferiore rispetto a quello di un giapponese.
- SEGRETO n. 23: il ricalco o rapport viene usato dalle persone involontariamente per comunicare le stesse idee e opinioni, quando sono in sintonia con gli altri. Comprende sia il linguaggio del corpo sia il paraverbale.
- SEGRETO n. 24: per rielaborare bene tutta la teoria, sfrutta il secondo principio di *Osservare Dinamico*: mentre stai sull'autobus osserva gli spazi personali e il ricalco delle persone intorno a te.
- SEGRETO n. 25: per memorizzare ancora più profondamente l'osservazione dinamica in autobus, sfrutta nuovamente la passeggiata. Rispetterai così il terzo principio di *Osservare Dinamico*.

Conclusione

Bene, finalmente siamo giunti alla fine di questa guida. Spero veramente di esserti stato utile, di essere riuscito a soddisfare la tua curiosità e di averti dato una mano per fornirti un nuovo modo di vedere le cose. Come ti ho già anticipato all'inizio dell'ebook, con queste pagine ho voluto proiettarti all'essenziale del linguaggio del corpo, utilizzando un metodo nuovo, che semplicemente va a pescare e utilizzare risorse che tutti noi abbiamo, ma di cui pochi sono consci.

Ci sono in realtà molte cose che si potrebbero ancora dire sulla comunicazione del corpo, ma credo che esse esulino da questa guida, che vuole mantenere un carattere generale ma sufficiente allo scopo: saper padroneggiare il linguaggio corporeo.

Ora sai cosa significa un gesto della mano rispetto a una situazione, piuttosto che un altro riferito a un'altra ancora. Padroneggi facilmente tutti i movimenti essenziali del corpo, li interpreti correttamente e sai come gestirli e affrontarli. Finalmente puoi capire quando qualcuno mente, e ora starà a te, e solo a te, decidere come far evolvere la tua relazione con queste persone. Ora sei tu, finalmente, il padrone completo di te stesso. Sai come gestire le tue relazioni, le tue amicizie, i tuoi amori. Soprattutto, d'ora in poi saprai molto meglio, con più chiarezza, ciò che realmente vuoi dalla vita.

Ora conosci anche un ottimo metodo per imparare le cose più velocemente e più a fondo. *Osservare Dinamico* non è valido solo per il linguaggio del corpo. In realtà lo puoi applicare a qualsiasi cosa, con più o meno successo a seconda di quanta importanza vuoi dare a ciò che vuoi imparare. Io stesso vorrei conoscere e imparare sempre più cose, ma proprio perché la giornata ha solo ventiquattro ore, non sempre mi è possibile dedicare a tutti i miei interessi la stessa importanza temporale. Da qui la scelta di applicare più o meno a fondo il metodo *Osservare Dinamico*.

L'importante, comunque, è applicarlo! Non importa quanto, importa semplicemente integrarlo nella mente (con la ripetizione), in modo da, alla fine, riuscire ad applicarlo involontariamente. E ricorda, il metodo è fondamentale, ma solo determinazione e impegno possono farlo funzionare al meglio!

In conclusione, spero di esserti stato utile e di non averti fatto perdere tempo, ti ringrazio per la fiducia che hai riposto in me e nel mio ebook. Ricorda, questo non è altro che il trampolino di lancio verso una vita migliore: per le tue relazioni, per i tuoi affetti, ma soprattutto per te stesso.

Non perdere altro tempo inutilmente, inizia ad applicare *Osservare Dinamico* ora!

Bibliografia

Linguaggio del corpo

- *Perché mentiamo con gli occhi e ci vergogniamo con i piedi*, di Allan e Barbara Pease, BUR, 2008;
- *Il linguaggio segreto del corpo*, di Anna Guglielmi, Piemme, 2006;
- *Bioenergetica*, di Alexander Lowen, Feltrinelli, 2008;
- *So quel che pensi*, di Thorsten Havener, TEA, 2010;
- *Te lo leggo negli occhi*, di Thorsten Havener, TEA, 2011;
- *I volti della menzogna*, di Paul Ekman, Giunti 2010;
- *Manuale di lettura del pensiero*, di Erik Jan Hanussen, Edizioni Mediterranee 2004;
- *Ipnosi dalla A alla Z*, di Erminio Di Pisa, Anima Edizioni, 2007;
- *Introduzione alla PNL*, di Jerry Richardson, Roberti, 2011.

Principi di allenamento e benessere

- *Super Training*, di David De Angelis, Olympian's News, 2011;
- *La perfezione del corpo*, di Bruce Lee, Mondadori, 2007;
- *Il metodo Kettlebell*, di Umberto Miletto, Bruno Editore, 2009;
- *Natural Body Building*, di Umberto Miletto, Bruno Editore, 2009.

Visualizzazione

- *Sogni lucidi*, di Mark McElroy, Macro Edizioni, 2008;
- *Avventure fuori dal corpo*, di William Buhlman, Macro Edizioni, 2006;
- *Come uscire fuori dal corpo*, di William Buhlman, Macro Edizioni, 2003;
- *Guarire con il sistema corpo specchio*, di Martin Brofman, TEA, 2002;
- *Il codice della luce*, di Daniel Lumera, Anima Edizioni, 2011;
- *I segreti della visualizzazione*, di Enrico Sigurtà, Bruno Editore, 2010;
- *La fisica della mente*, di Luca Clun, Bruno Editore, 2010.

Memoria e memorizzazione

- *Il segreto di una memoria prodigiosa*, di Matteo Salvo, Gribaudo, 2011;
- *L'arte della memoria di Giordano Bruno*, di Fabio Ferrucci, Anima Edizioni, 2005;
- *Dentro i palazzi della memoria*, di George Johnson, Bompiani, 1992.

Obiettivi e motivazione

- *Guarire coi perché*, di Robin Norwood, Feltrinelli, 2008;
- *La rivoluzione interiore*, di Krishnamurti, Mondadori, 2009;
- *Il TAO del dragone*, di Bruce Lee, Mondadori, 2006.

www.ingramcontent.com/pod-product-compliance
Lightning Source LLC
LaVergne TN
LVHW010834051026
849532LV00007B/2694
* 9 7 8 8 8 6 1 7 4 4 6 5 3 *